JN154716

Corporate Governance

コーポレート・ガバナンスと監査

and

Audit Process

小森清久［著］

KOMORI Kiyohisa

千倉書房

はしがき

本書は公開会社かつ大会社における「コーポレート・ガバナンスと監査」をテーマにした論文集である。コーポレート・ガバナンスの一環として、会社内部の経営監督機構である監査役会、監査委員会、そして内部監査を中心に分析・検討したため、外部監査に関係する論考は、監査人の統合報告書に対する第三者保証について論述した第10章と第11章のみである。

本書の執筆にあたって過去発表論文の中から、コーポレート・ガバナンスや内部監査および監査役監査に関するいくつかの論文を整理し必要最小限の修正を加えたが、論文執筆当時の社会環境を尊重して敢えて修正を施さなかった箇所も存在する。そのため資料や適用条文が古くなっている章もあるし、重複した主張もある。法律条文や会社名、人物の肩書などは初出論文執筆当時のものとご理解いただきお許し願いたい。

さて、経営監督制度改善のため関係諸団体は、幾度にもわたる基準の改訂を行って来ている。日本内部監査協会は、1960年に制定した「内部監査基準」を法的・経済的環境の変化に対応させて4回改訂してきており、現在の基準は2014年に改訂されたものである。また日本監査役協会は、1975年制定の「監査役監査基準」を10回にわたり改訂してきており、現在の基準は2015年に改訂されたものである。

公認会計士監査に関しても、山一證券等の破綻を背景として2002年に「監査基準」が改訂され、2005年にはカネボウ事件、足利銀行事件等を受けて「監査基準」が改訂されると共に「品質管理基準」が新設され、2007年には「内部統制監査基準」および「四半期レビュー基準」が新設され、2009年にはリーマン・ショックを受けて「監査基準」の改訂と「中間監査基準」および「四半期レビュー基準」の改訂が行われた。2010年には「国際監査基準」との差異を調整することを主な目的として「監査基準」が改訂され、「四半期レビュー基準」も改訂された。2011年には「内部統制監査基準」が改訂され、2013年にはオリンパス事件および大王製紙事件という経営者不正事件を受けて「監査基準」の改訂と「不正リスク対応基準」の新設が行われた。

このようにコーポレート・ガバナンスの一環として経営監督制度を担う内部監査、監査役監査、公認会計士監査に関する基準が、上記のとおり幾度もの改訂を繰り返し整備されてきたにもかかわらず一向に会計不正事件は無くならない。上場企業レベルの会計不正事件だけ集めても、筆者の大学時代にあたる1974年の日本熱学工業事件あたりから2015年の東芝事件に至るまで枚挙にいとまがない。

2015年に1,500億円超の会計不正事件が発覚した当時、委員会設置会社であった東芝は、取締役会の中に監査委員会を設置して独立性の高い社外取締役である監査委員が監査をしていたはずだったが無力であった。

さて、この「はしがき」を作成中に、日産自動車会長が金融商品取引法違反（有価証券報告書虚偽記載）の罪で逮捕されたというニュースが飛び込んできた。2012年に執行役員からいきなり代表取締役に就任していた外国人も逮捕された。この事件は上記二人の代表取締役が仕組んだ犯罪との見方がされているが、捜査が進めば特別背任罪や業務上横領罪にも結び付く可能性を秘めていると言われている。約50億円にも上る役員報酬の過少記載、日産自動車における20億円超の投資資金の私的流用、日産自動車の多額経費不正支出というニュースが事実なら、この重大な不正行為はその他の取締役や部長、課長そしてその部下達の加担ないし黙認なくして実現はしなかったはずである。東芝事件と同様、今回の事件でも不正を顕在化させたのは内部通報であった。同社は監査役会設置会社であるが、今回の事件は社外取締役が指摘したのでもなければ、社外監査役が指摘したのでもなければ、外部の独立した公認会計士（監査法人）が指摘したのでもなかった。同社の有価証券報告書によれば、「取締役は9名で構成され、うち3名は社外取締役である。効率的かつ機動的な経営を行うために、取締役会の構成はスリムなものとし、業務執行については明確な形で執行役員および従業員に権限を委譲している。……また、取締役の業務執行の適正な監査を行うために、社外監査役3名を含む4名の監査役で構成される監査役会を設置している。監査役のうち3名が常勤監査役であり、また独立性の高い監査役3名を確保している。」と述べているが、経営者に対する高い独立性を有するはずの社外取締役も社外監査役も何の役にも立たなかった。常勤監査役はもとより、当人たちは恥じて今まで受け取ってきた役員報酬を全額返上する気持ちになっているだろうか。証券市場で投資者が被った多大な損害を考えると、取締役や監査役が責任限定契約によりその限度額を返還するだけでは十分ではない。それとも社外の人間には、そのようなことはもともとわかるわけがないと主張するのだろうか。もしそれを許すならば、会社法を何回改正しても「コーポレートガバナンス・コード」を作成して上場企業に遵守させようとしても、経営者不正を予防・摘発できないという意味では、社外取締役制度や社外監査役制度は深刻な機能不全に陥っていることになる。

本書では、第1章で各国のコーポレート・ガバナンスを検討した。第2章から第4章までは、監査役会監査（監査委員会監査・監査等委員会監査）について検討した。そして第5章から第9章までは、内部監査について検討した。第10章と第11章では、監査人による統合報告書の第三者保証について検討した。

今までの筆者の研究活動は、多くの先生方からのご指導・ご支援なくして進めることはできなかった。とりわけ法政大学大学院経済学研究科教授佐藤良一先生、富山大学名誉教授榊原英夫先生、金沢大学名誉教授吉村文雄先生、同大学名誉教授大野浩先生、九州大学名誉教授西山芳喜先生、金沢大学名誉教授中島史雄先生、京都大学名誉教授上總康行先生、富山大学名誉教授水谷内徹也先生、金沢大学大学院社会環境科学研究科（現 人間社会環境研究科）教授澤田幹先生から賜った学恩を忘れることはできない。また著者の勤務大学である愛知工業大学経営学部の同僚の先生方には、いつもひとかたならぬお世話になっていることに感謝申し上げたい。

今回の出版に際して、市場性の高くない本書の出版を快くお引き受けいただいた株式会社千倉書房取締役川口理恵氏に心より感謝申し上げる。

最後に私事ながら、いつも優しく見守ってくれている妻暢子に感謝したい。そして長女亜由美、次女真奈美、長男雄三が、それぞれ自分の道を切り開いていってくれていることを喜びたい。

2019年3月

名古屋市自由ヶ丘の研究室にて

小森　清久

目　次

第 1 章

コーポレート・ガバナンス原則のグローバリゼーションとその課題
―執行と監督の分離を中心として

1. はじめに

1990年代において、先進諸国を中心にコーポレート・ガバナンスを巡る議論が活発に行われるようになった。コーポレート・ガバナンスの意義についてもさまざまな見解が発表されている。それらを整理すれば、大きく2つに分類できる。1つは、「企業は誰のもので、誰のために経営されるべきか」という観点からのもので、もう1つは「企業の健全な発展・存続のためには、経営に対する監視・監督の仕組みをいかに構築すべきか」という観点からのものである。

本章ではコーポレート・ガバナンス問題を後者に限定して論述していきたい。コーポレート・ガバナンス問題には、企業経営の監視・牽制の仕組みを構築し企業不正を防止する役割と、それを通じて企業経営の意思決定システムを確立し企業競争力の強化に役立たせる役割が期待される。

2. 各国のコーポレート・ガバナンス論議

2-1. アメリカ

コーポレート・ガバナンスの問題を提起する契機となったのは、ペンセントラル鉄道の倒産事件であると言われている。同社の倒産は、取締役会が長年にわたって会社の粉飾決算を見逃しており、社外取締役制度が全く機能していなかったことが原因だった[1]。1973年、同鉄道の経営破綻により、ニューヨーク証券取引所（the New York Stock Exchange—NYSE）は、監査委員会の設置を強く勧告した。そして1974年、証券取引委員会（Securities and Exchange Commission—SEC）は監査委員会に関するディスクロージャー面での規制を行い、1977年にNYSEが、上場申請時の要件として監査委員会の設置を規定すると同時に、1978年にSECがすべての登録会社に対し、監査委員会、推薦委員会、報酬委員会が設置されているかどうかなどを開示させることにしたのである[2]。

アメリカ法律協会（American Law Institute—ALI）は1992年に採択した『コーポレート・ガバナンスの原理：分析と勧告—以下「分析と勧告」』の中で会社運営に関する法および会社実務のあるべき姿について提案を行っている。

『分析と勧告』では、公開会社の業務執行については取締役会がこれを担当するのではなく、直接的には上級執行役員がこれを担当するものとしている。すなわち『分析と勧告』第3.01条は、会社の業務執行については、取締役会により指名された主要上級執行役員により執行されるか、または、その主要上級執行役員の監督の下に他の役員等によって執行されるべき旨を定めている[3]。つまり取締役会は役員による業務執行を監視・監督する機関と位置付けている訳である。また、取締役会の監督機能を確保するために取締役会内部にいくつかの委員会を設置することを勧告している。そのような委員会としては「監査委員会」（第3.05条）、「指名委員会」（第3A.04条）、「報酬委員会」（第3A.05条）の3つが挙げられている。「監査委員会」委員は、取締役会の監督機能を補充かつ補助するため設置され、少なくとも3人の構成員を必要とし、これらの構成員は会社と雇用関係を有せず、かつ直近の過去2年内においても会社との雇用関係を有しなかった取締役でなければならず、さらに構成員の過半数は会社の上

1　出見世［1997］90-91ページ、および深尾・森田［1998］82-83ページを参照されたい。
2　竹下［1993］3ページ、および伊勢田［1994］138ページを参照されたい。
3　アメリカ法律協会（著）・証券取引法研究会国際部会（訳編）［1994］128ページ。

級執行役員と重要な関係を有しない者でなければならない。「指名委員会」委員は、役員または従業員を兼任していない取締役によってのみ構成され、かつ構成員の過半数は会社の上級執行役員と重要な関係を有しない者でなければならない。「報酬委員会」委員も、役員または従業員を兼任していない取締役によってのみ構成され、かつ構成員の過半数は会社の上級執行役員と重要な関係を有しない者でなければならない。もっとも第Ⅲ編が州会社法の立法提案の対象として示しているのは監査委員会のみであり、しかもその設置が要求される会社のタイプとしては、大公開会社に限定している。そして指名、報酬委員会については、第Ⅲ A 編において前者については公開会社一般に対して、後者に対しては大公開会社のみに対し設置を提案している。以上見てきたとおり、『分析と勧告』は、取締役会の独立性強化と、執行と監督の権限分離を図っている。

世界的な機関投資家である、カリフォルニア州公務員対象年金基金（CalPERS）のコーポレート・ガバナンス原則[4]でも、「取締役会の大多数は独立した取締役から構成されるべきである。」、「独立取締役は最高経営責任者（Chief Executive Officer—CEO）や非独立取締役を除いて定期的に会議を開くべきである。」、「取締役会会長がCEOを兼務する場合、取締役会はリーダーシップ能力のある独立した取締役を任命すべきである。」、「監査、指名、取締役評価、CEO評価、報酬、コンプライアンスの各委員会は独立した取締役のみで構成されるべきである。」、「CEOを選任するとき、取締役会は、取締役会会長とCEOの位置付けを再検討すべきである。」などと規定されており、やはり取締役会の独立性強化と、執行と監督の権限分離が図られている。

2-2. イギリス

イギリスにおいては、経営者による従業員年金の不正流用がなされたマックスウェル事件などを契機に、1991年にキャドベリー委員会が設置され、1992年に『キャドベリー報告書』が、1995年には取締役報酬規制の問題を主に扱う『グ

4　小島［2004］97ページ。

リーンベリー報告書』が、1998年1月にはそれらの成果をふまえた『ハンペル報告書』が公表され、さらに上記3報告書の集大成として同年6月における『統合規定(the Combined Code on Corporate Governance)』の公表へと発展していった。その遵守がロンドン証券取引所の上場規則を通じて上場会社に求められるようになったことで、イギリスにおける大規模公開会社の管理運営機構の見直しが進められた。

『統合規定』の遵守状況を調査したPIRC[5]報告書(1999年版)によれば、1996年には83%であった取締役会会長職と最高経営責任者(CEO)との権限分離については、90%以上の会社がこれを遵守していたことが報告されている。ただし、会長職とCEO職を兼任している場合にはその理由を明らかにしなければならないにもかかわらず、会長職とCEO職を兼任している会社の10%は、年次報告書および計算書類上に「その理由」を明記していないという問題点も指摘されている。また、ロンドン証券取引所が要求する「取締役会は最低3名の非業務執行取締役を選任すべし」という要求を、92%の会社が満たしていた。さらに、取締役会の3分の1は非業務執行取締役から構成され、その過半数は完全に当該会社とは利害関係のない、いわゆる独立した取締役であるべし、という要求を全体の81%の会社が満たしていた。そして97.6%にあたる会社が「取締役指名委員会」を設置していたが、設置比率が72%に過ぎなかった96年当時に比べると大きな進歩であることも報告されている。また、ほぼすべての会社(98.8%)が「報酬委員会」を設置していたが、完全に会社から独立した取締役から構成されているのは76.9%に留まっていたことも報告されている。「監査委員会」の設置とその運営に関しては、全体の74.7%の会社が『統合規定』に盛られている内容、すなわち委員会は少なくとも3名の非執行取締役で構成すること、委員の過半数は独立性を有する非執行取締役とすること、といった要求を満たしていた[6]。

5　Pensions Investment Research Consultants. (PIRC)
同社は英国内で米国型の機関投資家運動に積極的に取り組んでいる団体である。

6　日本コーポレート・ガバナンス・フォーラム(編)[2001] 109-110ページ。

2003年に、ヒッグス報告書『非業務執行取締役の役割と効率に関する検証』とCGAA（The Coordinating Group on Audit and Accounting Issues.）の最終報告書が相次いで公表され、『統合規定』見直しに関するスミス報告書も公表された。これらの報告書の勧告および報告書に対する意見紹介の結果をふまえて、『統合規定』は、2003年7月に改正された。改正『統合規定』では、改正前『統合規定』を踏襲した部分も多いが、①取締役会会長職と最高経営責任者とを同一人物が兼ねるべきではないこと、②取締役会会長の独立性を確保するため最高経営責任者は同一会社の取締役会会長に引き続き就任すべきではないこと、③取締役会のモニタリング機能を強化する方策の1つとして、会長を含め取締役会構成員の少なくとも半数は独立の非業務執行取締役によって構成されること、そして④「指名委員会」、「報酬委員会」、「監査委員会」たる3つの委員会を設置し、⑤「指名委員会」委員の過半数は、独立の非執行取締役によって構成され、委員長は独立の非業務執行取締役とすること、⑥「報酬委員会」委員は、全員独立性を有する非業務執行取締役によって構成され、⑦「監査委員会」委員は、少なくとも3名の独立性を有する非執行取締役で構成され、そのうち少なくとも1名は、最近における適切な財務上の経験を有する必要があることなどが規定された[7]。

2-3. 日本

2-3-1. 経済同友会「企業白書」の見解

経済同友会が1996年に公表した「第12回企業白書」では、わが国企業の意思決定とチェックシステムの問題点として、次のような指摘を行っている。

(1)　取締役会は、取締役の人数が数十名に増大し、実質的な議論ができない、取締役の大部分は社内昇格組であり、社長等上級役員からの独立性を期待しにくい、取締役のほとんどが執行役員であり、担当部門の利益・保身

7　奥島（監修・著）［2007］365-373ページを参照されたい。

を優先しがちである、株主の意向を代表して経営方針を決定し、執行状況を監督するという色彩が弱い、常務会等、取締役会以外の経営トップ層の会議で一定の結論を得ている、といったことを背景に、単なる決済(追認)機関としてしか機能していない。また、商法上定められた「(代表) 取締役の職務の執行を監督する」というチェック機能も期待しにくい状況である。

(2) 監査役は、経営にとって取締役と両輪をなすものであるという認識が一般的には希薄であり、その地位・機能が尊重されているとは言い難い。また、監査役は株主総会で選任されるが、実質的には監査される対象である社長あるいは取締役によって選定が行われているケースが多く、独立性が十分確保されていない。

(3) 過去の成功体験や従来の延長線上の発想にとらわれた意思決定のみでは危険である。その意味から取締役会の中で、経営戦略と業務執行に関する協議を明確に分離させ、双方の機能を高めていくべきである。

(4) あるべき姿に向けて常に自律的、他律的に牽制していくのがガバナンスである。当面、取締役総数の少なくとも1割以上をめどに社外取締役を導入し、社員出身の取締役とは異なる経験と知見を活かすことによって、自立的ガバナンス機能を高めていくことが必要である。

(5) 監査役が、十分に機能が発揮できるよう、環境を整備するとともに、社内での監査役に対する理解を深めることが重要である。そのためには、例えば、取締役の業務、企業の重要な会合に自由にアクセスできるようにする、トップに対していつでも一対一の話し合いができるようにする、監査役室スタッフを充実させる、といったことが必要である。

さらに経済同友会は、2009年度企業経営委員会にて「日本的コーポレート・ガバナンスの深化」として、次の6項目を提言している。

(1) 経営者の倫理観と高い志

⑵　社外取締役の複数名導入

⑶　社外取締役・社外監査役に対する独立要件の追加

⑷　監査役と社外取締役の機能補完

⑸　役員指名・役員報酬決定プロセスの透明化

⑹　執行役員制度の支持

2013年4月公表の第17回「企業白書」（35ページ）では、「日本企業のコーポレート・ガバナンスへの評価を高めるためには、企業のリスク管理を行う監査機能（監査役会・監査委員会）の強化が不可欠である。したがって委員会設置会社（現在の指名委員会等設置会社―筆者注）では、独立性の高い監査委員会が社内の情報を十分に確保できる枠組みを整備し、監査役会設置会社では、社内監査役、社外監査役双方の連携を強化し、監査役自らが実効性ある監査を行うべきである。」としている。

以上のとおり、経済同友会は従来から社外取締役の導入に積極的であったが、2018年4月公表の「会社法制（企業統治関係）の見直しに関する中間試案に対する意見」では、「独立社外取締役の有効な活用」について、複数の独立社外取締役を置くべきであるとの立場は明確にしているものの、それは会社法の改正によって義務付けるべきではなく、社外取締役を置かない場合は取締役が株主総会において「社外取締役を置くことが相当でない理由を説明しなければならない。」という現行法規定を見直す必要はないとの立場を堅持している。

2-3-2.　経団連の基本的見解

日本経済団体連合会（経団連）は、2006年6月に「わが国におけるコーポレート・ガバナンス制度のあり方について」を公表した。その中の「2.　わが国のコーポレート・ガバナンス制度のあり方についての基本的考え方」において、社外取締役の導入義務化や社外役員の独立性強化に反対していた。その理由は、独立取締役の存在と企業のパフォーマンスとの関係は立証されていないこと、アメリカにはわが国のような監査役制度がないこと、さらに社外取締役には経営者の友人・知人が就任している場合が少なくないことなどが挙げられている。

また、社外監査役や社外取締役の適格性は、「社外者であるか」や「独立性があるか」といった属性に関する形式的な要件ではなく、人格、識見、能力等を総合的、実質的に判断すべきである。必要以上の制約は、むしろ有為な人材の選任に支障を来たすとしていた。

それが、2018年4月公表の「コーポレートガバナンス・コード改訂案及び投資家と企業の対話ガイドライン案への意見」では、「独立社外取締役の有効な活用」について、原則4-8後段の「少なくとも3分の1以上の独立社外取締役を選任すべき」との提案について、「3分の1」のカウントにおいては監査役も含めて考えるべきだと、独立社外取締役の強化に賛成意見を表明するまでになってきたことは大きな進歩である。

2-4. 公的国際機関

一方、コーポレート・ガバナンス原則の世界標準化の動きを決定的にしたのが、経済協力開発機構（OECD）が策定した1999年の『OECD原則』であった。この原則は、国や社会ごとに異なるモデルの中から比較的共通の要素をまとめたもので、各国政府や民間企業などに重要な指針を提供するものとなった。この内「取締役会の責任」についての原則では、「コーポレート・ガバナンスの枠組みは、企業の戦略指導や経営の監視とともに、企業や株主に対する取締役会のアカウンタビリティが確保されるようになっていなければならない。」と規定している。また「ガバナンスの実践の効果を監視し、必要に応じて変更すること」、「取締役会は、特に経営陣から独立して、企業の業務に関して客観的判断を下すことができなければならない。」、「取締役会は、利害の対立の可能性がある業務については、独立的判断を下し得る十分な数の社外取締役の選任を考慮すべきである。例えば、財務報告、取締役候補者指名、執行役員と取締役の報酬の決定などの重要な職責がそれに該当する。」とも規定している[8]。また、

8　金融財政事情研究会［2001］19-20ページ。

「コーポレート・ガバナンス原則への注釈」では、「取締役会では、最高経営責任者と取締役会議長の役割を分離することが、両者間の力関係の適切なバランスの確保、アカウンタビリティの向上、独立した意思決定のために必要な取締役会権限の増大の手段として、しばしば提案されている。」としている。また取締役会メンバーは社外取締役が正確で、適切な情報をタイムリーに得られることが保障されるよう手段を講ずべきである、とも述べている[9]。その後、アメリカにおけるエンロン、ワールドコム不正会計事件等を踏まえて、2004年５月に『OECD原則』は改訂された。

2-5. SOX法

アメリカの大企業、エンロン社、ワールドコム社等の不正会計事件による経営破綻を契機に、SOX法（Sarbanes Oxley Act of 2002—「企業改革法」）が誕生した。同法は監査人に対して、非監査業務の提供を禁止することを規定した（同法201条）。そして、監査委員会の委員は全員、独立の取締役でなければならないことを規定した（同法301条）。ここに「独立の」とは、当該会社からコンサルティング報酬またはその他の報酬を受け取っておらず当該会社およびその関連会社の関係者ではないことを意味する。そして、SECは2003年２月までに監査委員会のメンバーに１人以上の財務専門家が含まれているか否かを開示することを要求する規則を制定しなければならないとした（同法407条）。

またSOX法は301条において、従業員等による監査委員会等への情報の提供（内部通報）手続の整備を義務付けた。監査委員会は、会社が会計、内部統制または監査上の問題に関して受理した苦情の取り扱い、ならびに会計および監査上の問題点に関する従業員の内部通報制度に関する手続を定めなければならないことを規定したのである。これによって不正行為の早期発見が可能となるため、適切な内部通報制度の整備は、経営者・従業員の監視において重要な効果的手段であると考えられる。この内部通報制度の手続が有効に機能するため

9　同上書、40-42ページ。

には、従業員等が萎縮することなく内部通報を行えることが不可欠であり、そのため同法は、適法な情報の提供、その他一定の不正行為の調査等に協力するための適法な行為を理由として従業員を解雇したり、雇用条件に関して差別的に取り扱うことはできないとしたのである（同法806条）。

3. わが国の法律整備

以上で検討したとおり各国のコーポレート・ガバナンス原則に共通するのは、取締役会には独立社外取締役を入れること、取締役会内には独立取締役から構成される「監査」、「指名」、「報酬」の各委員会を設置すべきであること、取締役会は経営陣に対して指揮監督責任を有し、経営陣は取締役会に対し説明責任を負うべきであること、すなわち、取締役会の独立性強化と、執行と監督の権限分離であることが明らかになった。

それに対して従来のわが国におけるガバナンス・システムにおいては、経営者として企業経営を指揮するのは「社長」を兼ねた代表取締役であった。この社長に業務執行取締役を加えて取締役会が構成され、取締役会が経営意思決定から業務執行、経営監督までを担当するものとされてきた。ここで経営者を監視するのは、法的には取締役会であり監査役であり株主総会なのであるが、株主総会の形骸化が叫ばれて久しい。取締役や監査役も、自らを取締役や監査役に選任してくれたのは社長であり、その恩義ある社長を監視できるかは疑問である。このように考えると、社長が企業経営の全権を掌握していると言っても過言ではない。そのような状況の中で、誰が経営者を監視するのかという問題が浮かび上がってくる。

わが国では、1997年に執行役員制を導入するなどの取締役会改革を行ったソニー株式会社を嚆矢として、1998年頃から執行役員制を導入する企業が出現してきた。この制度は、業務執行を執行役員に担当させ、取締役会は執行役員の監督に専念するという、いわゆる業務執行機能と経営監督機能の分離によって自己監督の弊害を是正することにより、有効なコーポレート・ガバナンスを実現しようとするものであった。しかし、執行役員は法律上、会社の機関ではなく代表取締役の指揮命令に従う者に過ぎず、執行役員にコーポレート・ガバナンス上の役割を期待するのは構造的に困難であった。そこで、従来のわが国の経営監督制度を改善するとすれば、(1) 監査役の機能を強化させるか、(2) 業務執行機能と経営監督機能の分離を法制化する、という2つの方法が考えられた。(1) については、2001年の商法改正において、監査役の半数以上を社外監査役とすることによって監査役の独立性を強化した。2005年に成立した会社法においても、監査役会設置会社においては監査役の半数以上を社外監査役とすることが規定された（会社法335条3項)。(2) については、2002年の商法改正で、大会社に対して委員会等設置会社制度が、2005年の会社法では同制度を改正した委員会設置会社制度が創設された。この制度は「執行役（執行役員ではない)」に業務執行を担当させ、取締役会はそれを監督するという、いわゆる業務執行機能と経営監督機能の分離を実現させるものであった。さらに、取締役会の中に過半数が社外取締役から構成される「監査委員会」、「指名委員会」、「報酬委員会」たる3委員会を設置し、経営監督の強化を図ったのである（同法400条、404条)。

そこでわが国の上場企業は、従来型の「監査役会設置会社」または「委員会設置会社」の形態のいずれかを選択して採用することになった。すなわち、わが国の伝統的な機関形態である「監査役会設置会社」を採用して、経営意思決定と業務執行取締役の監督を取締役会が行い、監査役会による監査を実施するか、それとも委員会設置会社として取締役会とその中に設置される監査委員会が監査をするか、を選択できるようになったのである。「監査役会設置会社」では、常勤監査役が選任されるため監査役自らが社内情報を入手しやすく、適法性監査のみならず妥当性監査にも踏み込んでいくことが期待される。その反面、「監査役会設置会社」では、業務執行機能と経営監督機能がいずれも取締役会によって行われるため自己監督・自己監査に陥る可能性もある。これに対して「委員会設置会社」では、執行役による業務執行機能と取締役会による経営監督機能、監査委員会による監査機能が法的には明確に分離独立している。ただし、現実には取締役と執行役の兼任が広く行われているという大きな課題も抱えている。

取締役会設置会社の場合、個々の取締役がそのまま会社の機関となるわけではない。すべての取締役で取締役会は組織され、取締役会が、会社の業務執行の決定、取締役の職務執行の監督、代表取締役の選定と解職という職務を行う（会社法362条）。したがって、取締役は取締役会のメンバーに過ぎない。そして取締役会は取締役の中から代表取締役を選定し（同法362条2項、3項）、代表取締役が業務の執行をなし、対外的に会社を代表する。法的には、代表取締役は取締役会の下部機関であり、取締役会の指揮・監督に服する。なお、日常的な業務執行については、その意思決定も取締役会から代表取締役に委ねることができる。また、一般の取締役に業務執行を委ねることもできるが、その業務執行権限はあくまで対内的な関係で付与されるに過ぎない。

従来型の「監査役会設置会社」では近年、業務執行と経営監督の分離を目指して執行役員（委員会設置会社にいう「執行役」ではない）という職位の者を置き、取締役会の規模を縮小し、具体的な業務執行を執行役員に委譲する会社が増えつつある。ただし、執行役員は法律上の機関ではないため、対外的には執行役員は、代表取締役の権限を会社の内部で制約するにすぎないと考えられ、したがって対外的にはこれに反した行為も善意者には対抗できない。執行役員に付与された業務執行権は取締役会または代表取締役から内部的に委譲されていると考えることになる[10]。

委員会設置会社では、業務執行と経営監督が制度的に分離され、取締役会の機能は監督が中心になる。業務執行と経営監督を制度的に分離する趣旨のため、業務執行は執行役が担当し、取締役は原則として業務執行はできない（会社法415条）が、取締役が執行役を兼任することは認められる（同法402条6号）。業務の意思決定も大幅に執行役に委ねられる（同法416条）。したがって取締役会の機能は監督が中心となるため、取締役会の権限も原則として、基本事項の

10　神田［2005］181ページ。

決定、委員会メンバーの選定・監督、執行役の選任・監督等に限定され、業務決定の権限は執行役に委譲することができる。すなわち、取締役会は基本事項の決定と業務執行の監督を行い、執行役が業務を執行し、代表執行役が会社を代表することになる。

4. わが国企業の事例研究

さて、わが国の企業において、「監査役会設置会社」と「委員会設置会社」では、いずれの形態がコーポレート・ガバナンス上望ましいか、有価証券報告書（EDINET）に記載してある「取締役の状況」と「コーポレート・ガバナンスの状況」をチェックすることによって実際の姿を比較検討してみることにする。

4-1.「監査役会設置会社」の事例

まず、「監査役会設置会社」の代表例として、コーポレート・ガバナンスに関する偏差値[11]最高位の栄誉を獲得したダイキン工業株式会社における取締役の状況はいかなるものかを、2007年度の有価証券報告書で調査してみた（図表1-1）。

同社の取締役会メンバー10名中、社内昇進組が8名、そしてその8名全員が取締役と執行役員を兼務している。代表取締役会長A氏は最高経営責任者（CEO）を兼務、代表取締役社長B氏は最高執行責任者（COO）を兼務、取締役

11　「議決権行使サービスのガバナンスビジョンズは、上場企業のコーポレート・ガバナンスを評価するサービスを十一月から始める。まず五百社の経営監査機能や内部統制、財務内容など三百八十項目を採点。偏差値を算出し、企業や機関投資家に有料で提供する。社外取締役や業績連動型の役員報酬制度を採用し、自社株買いに積極的で配当性向が高いなど、株主価値向上のための施策を導入しているほど点数が高くなる。日本の企業慣習も考慮する。欧米では、経営監督と業務執行を分離した委員会設置会社は内部監視機能が高いとされるが、日本では監査役制度を採用する企業が多い。社外監査役を積極的に登用するなど監査役制度が機能するための工夫をしていれば、委員会設置会社に移行していなくても評価する。日経平均採用の二百二十五社を対象に採点したところ、アステラス製薬やダイキン工業、資生堂などの偏差値が高かった。」（日本経済新聞2008年10月8日朝刊、12面。）

図表 1-1　ダイキン工業株式会社の取締役の状況

役名	職名	氏名 （個人名は省略した）	略歴
代表取締役	会長兼 CEO	A 氏	当社入社 人事部長 取締役 常務取締役 専務取締役 代表取締役社長 代表取締役会長兼社長
代表取締役	社長兼 COO	B 氏	当社入社 管理部長 取締役 常務取締役 専務取締役 代表取締役副社長
取締役	人事・報酬諮問 委員会委員長	C 氏	社外取締役
取締役	人事・報酬諮問 委員会委員	D 氏	社外取締役
取締役	化学事業担当、 淀川製作所長	E 氏	当社入社 人事部長 取締役 常務取締役 専務取締役 淀川製作所長 取締役兼副社長執行役員（現）
取締役	国内空調事業担当、 堺製作所長	F 氏	当社入社 取締役 常務取締役 専務取締役 淀川製作所長 取締役兼副社長執行役員（現）
取締役	秘書室長、 人事本部長	G 氏	当社入社 秘書室長（現）兼総務部長 取締役兼常務執行役員 取締役兼専務執行役員（現）
取締役	空調生産本部長	H 氏	当社入社 執行役員 取締役兼執行役員 取締役兼常務執行役員（現）
取締役	経営企画室長	I 氏	当社入社 執行役員 取締役兼執行役員 取締役兼常務執行役員（現）

取締役	空調生産本部 副本部長	J氏	当社入社 執行役員 取締役兼常務執行役員（現）
常任監査役	常勤	K氏	当社入社 人事・総務本部副本部長兼人事部長 監査役
監査役	常勤	L氏	当社入社 監査役室長
監査役		M氏	外部監査役
監査役		N氏	外部監査役

出所：ダイキン工業株式会社平成19年度有価証券報告書より一部修正して筆者作成。

E、F氏は副社長執行役員を兼務、取締役G氏は専務執行役員を兼務、H、I、J氏は常務執行役員を兼務という状況で、業務執行機能と経営監督機能は分離していないことが確認できる。また常勤監査役2名も社内出身組でそれぞれ人事畑、監査役室出身であり各業務分野に精通している人材かどうか不明である。

同社の「コーポレート・ガバナンスの状況」に書かれている「主要なポイント」から経営監督関係のポイントを抜粋すると、次のとおりである。

(1)　幅と深みを増す経営諸課題やグループ重要課題に対し、取締役が連帯しての経営責任と業務執行責任の両面を担う「一体型運営」の中で、グループを含めた経営全般の、主として意思決定に責任を担うCEOと、主として業務執行責任を担うCOOとを設け、意思決定と執行の両方を意識しながら、その両面のスピードアップを図っている。

(2)　それぞれの事業・地域・機能において自立的な判断・決断による執行のスピードアップを狙いとした「執行役員制」を導入している。同時にその中で、取締役は、グループ全体のスピーディで戦略的な意思決定、健全な監督を担い、取締役数は健全な議論が可能な人員で構成し、その内、社外取締役は常時2名以上在籍するように努めている。

(3)　社外取締役を委員長とする「人事・報酬諮問委員会」により、役員人事・処遇に関わる運営の透明性の一層の高度化をめざしている。

「重要課題に対し、取締役が連帯しての経営責任と業務執行責任の両面を担う一体型運営」を標榜するなら、何も取締役とは別に執行役員制度を導入する必要はなく、従来どおり取締役が業務執行も担当し、自分達の行為の監督を自分達で行っておればそれで良かったのではないかと思ったりする。いわゆる自己監督・自己監査である。

上述のとおり、コーポレート・ガバナンス評価において最高位の栄誉を獲得した同社においてさえ、業務執行機能と経営監督機能は分離していない。そして取締役と執行役員の兼務は、残念ながら同社のみならず、監査役会設置会社において一般的に行われている。東京弁護士会会社法部が2000年2月に実施したアンケート調査[12]によれば、執行役員と取締役が兼務していないとの回答は、117社中60社（51.3%）となっており、半数程度の会社で意思決定と業務執行の分離が意識されているものと思われる。しかしその一方で、半数近くの会社において執行役員を兼務する取締役が存在するということであり、意思決定と業務執行の分離が徹底していない。また、取締役全体の中の執行役員兼務者の割合が半数を超える会社は121社中41社にも上っており、業務執行機能と経営監督機能の分離という観点からは大きな問題である。

ちなみに、なぜこのように明確な機能分離がなされていないのかを考えてみるに、業務執行自体を取締役会から完全に奪ってしまうことへの不安から、取締役会が経営意思決定と経営監督のみを担当するというところまでは徹底できなかったのであろうことが推測される。現在のところ、執行役員制度の導入は取締役の員数減らしという結果に終わっている状況にある。

日本取締役協会会長宮内義彦氏は、日本の監査役設置会社の取締役会は、代表取締役会長、社長、専務、常務、平取締役と、全員が取締役兼執行役で、業務執行機能と経営監督機能分離していないと主張している[13]が、まさしくその

12　東京弁護士会会社法部（編）［2001］81-82ページ。

13　宮内氏は、社外取締役が大多数というアメリカの取締役会をお手本にしながら、わが国の取締役会について次のように述べている。
「会長、社長、副社長といった経営執行部を取り締まるのが取締役会の機能です。私はいくつかの欧米企業の社外役員をさせていただいた経験がありまして、取締役会の典型は10

とおりである。

日本取締役協会は、2007年7月に公表した『ベストガバナンス報告書』(13-14ページ) において、わが国の現行監査役制度を批判的に考察しながら、改善のための提言を行っている。

「内部ガバナンスとして、日本の制度に最もなじんでいるのは、監査役制度である。監査役の権限と責任は法律上すでに非常に重いものになっているにもかかわらず、それらが認識され、適切に使われているとは言いがたい。仏を作ったからには魂を入れる必要があるが、努力の余地は大きい。

例えば、任免権を実質的に社長が独占している場合や監査役が「取締役2軍」(取締役になれなかった場合の処遇ポジション) のように扱われている場合が現実には多い。こうしたケースではガバナンス機能が有効に機能することは期待しえない。「社長の部下」という心理構造のもとでは本来の牽制・監視機能として機能しがたいが、企業組織である以上、ハイアラキー構造は解消できないところにジレンマがある。社長が「良薬口に苦し」を実践し、率直な助言する独立心ある人物を監査役に任命することを期待するとともに、内部的にではあれ監査役については特別の任命手続を設けたりする工夫もありうるのではないか。監査役には経営陣を直接的に任免・監視する取締役会における議決権が与えら

人から15人くらいで成り立っていて、そのうち執行部から入るのは通常2人という構成です。会長と社長の2人が取締役として入り、残りの10人から13人は全員社外の人なのです。…そういった社外の人達に対して、社長ないし会長が出て、こういうふうに経営をしておりますという報告をする場が取締役会になっているわけです。

日本の取締役会はどうかと言いますと、代表取締役会長、専務、常務、平取締役と全員が取締役兼執行役なのです。誰も監督する人がいないわけです。執行部と監督機能とが完全に一緒になっている。そして取締役の数は20人から30人います。最近コーポレート・ガバナンスというのがうるさいから、ちょっと社外 (取締役—筆者注) を入れなければいけないかなあ、と言って1人か2人の有名な方を社外取締役に入れる。こういうのが日本のコーポレート・ガバナンスの現状です。形式的には法律上の要項を完備しておりますが、実態はその程度のコーポレート・ガバナンスになってしまっています。会長は社長の古手であり、専務は社長に任命された人であり、そういう人達で取締役会が構成されている中で、トップのお気に召さないことを言ったり、『社長、あなたは全然経営能力がないじゃないですか。辞めたらどうですか。』と言ったりする平取 (締役—筆者注) がいるということはありえません。」宮内［2008］24-25ページ。

れていない。制度的な面で監査役だけに頼っていては牽制機能に限界があることが指摘されていた。これを解決する手立ての1つが、委員会設置会社による外部ガバナンスの強化である。経営陣任免権を有する取締役が指名・監査・報酬委員会を通して、経営陣を監視・牽制する。しかも、過半数を社外取締役とすることで、経営陣による各委員会の支配を排除しようとしている。」

以上の引用を見る限り同協会は、「委員会設置会社」が「監査役会設置会社」よりガバナンス的に優れていると考えていることがうかがえる。

4-2.「委員会設置会社」の事例（その1）

前出の日本取締役協会会長宮内氏は、わが国の従来型コーポレート・ガバナンスを批判して、コーポレート・ガバナンス上、社外取締役が多数を占める取締役会が望ましいと述べている[14]。そこで、同氏が取締役 CEO を務めるオリックス株式会社の 2007 年度有価証券報告書から「取締役の状況」を調べてみた（図表 1-2）。

図表 1-2 を見ると、社外取締役は5名、社内取締役は6名であり、取締役会の議決において社内取締役で過半数を占めることができ、同氏が前述記念講演において主張していたことと一致していないことは明らかである。さらに社内取締役6名は全員執行役であり、O 氏は代表執行役会長、P 氏は執行役副会長、Q 氏は代表執行役社長、R 氏および S 氏は執行役副社長、T 氏は専務執行役という具合に全員役付執行役である。

同社の有価証券報告書の「コーポレート・ガバナンス体制の状況」には、

「当社は 1997 年6月に外部の有識者と経営の専門家を迎えて諮問委員会を設置して以降、事業活動が株主価値を重視したものになっているかを客観的にチェックするためにコーポレート・ガバナンスの仕組みを強化してきました。1998 年6月には、執行役員制度を導入し、経営戦略・意思決定機

14　注 13 を参照されたい。

図表 1-2　オリックス株式会社の取締役の状況

役名	職名	氏名 （個人名は省略した）	経歴
取締役	代表執行役会長 オリックスグループ CEO	O 氏	当社入社 社長室長 常務取締役 専務取締役 代表取締役専務取締役 代表取締役社長 代表取締役会長兼社長
取締役	執行役副会長 オリックスグループ CFO	P 氏	当社入社 総務部長 取締役 取締役兼常務執行役員 代表取締役社長 取締役兼代表執行役社長
取締役	代表執行役社長 オリックスグループ COO	Q 氏	○○銀行入行 ○○銀行頭取 当社常任顧問 当社専務執行役 当社取締役兼執行役副社長
取締役	執行役副社長 不動産事業本部長	R 氏	当社入社 東京営業第1部長 取締役兼執行役員 取締役兼常務執行役員 取締役兼専務執行役員 取締役兼専務執行役
取締役	執行役副社長	S 氏	当社入社 リスク管理本部副本部長 執行役 常務執行役
取締役	専務執行役	T 氏	当社入社 不動産ファイナンス本部副本部長 執行役 常務執行役
取締役		U 氏	社外取締役
取締役		V 氏	社外取締役
取締役		W 氏	社外取締役
取締役		X 氏	社外取締役
取締役		Y 氏	社外取締役

出所：オリックス株式会社平成 19 年度有価証券報告書より一部修正して筆者作成。

能と業務執行機能の分離を図りました。また1999年6月には、取締役数を絞り、3名の諮問委員を社外取締役および顧問として迎えることによって、諮問委員会を発展的に解消しました。さらに取締役会のサポート機関となる指名・報酬委員会を設置しました。そして、経営の意思決定と業務執行の迅速化をさらに図るとともに、経営と業務執行の監督機能を強化するため、2003年4月の改正旧商法の施行に伴い、同年6月から『委員会等設置会社』へ移行し、『指名』、『監査』、『報酬』の3つの委員会を設置しました。なお、2006年5月1日の会社法施行に伴い、現在は『委員会設置会社』となっています。」

とあるが、業務執行と経営監督の機能分離のためには、取締役と執行役は兼務すべきではないと言うべきところ、社内取締役6名が全員執行役でありながら、経営監督機能と業務執行機能の分離を図ったとはどういうことなのか理解に苦しむ。

ただし有価証券報告書によれば、指名委員会メンバー5名、監査委員会メンバー4名、報酬委員会メンバー4名は全員社外取締役から構成されており、当然のことながら各委員会の議長も社外取締役であることは、経営の透明性と客観性の向上に資すると評価できる。

4-3.「委員会設置会社」の事例（その2）

日本監査役協会の調査[15]によれば、委員会設置会社は2008年12月3日現在109社（ちなみに2018年8月時点での指名委員会等設置会社は、日本取締役協会調べで72社である[16]。）で、このうち一部上場企業は53社である。この53社のうちの15社が日立グループであることから、同グループの中核である株式会社日立製作所の役員の状況を、委員会設置会社の代表例として調べてみた（図表1-3）。

15　http://www.kansa.or.jp/PDF/iinkai_list.pdf
16　http://www.jacd.jp/news/gov/jacd_iinkaisecchi.pdf.

図表 1-3　株式会社日立製作所の役員の状況

役名	職名	氏名	略歴
取締役会長	指名委員長 報酬委員長	SE 氏	当社入社 AV 機器事業部長 取締役 常務取締役 専務取締役 代表取締役副社長 代表取締役社長 代表執行役社長兼取締役 代表執行役会長兼取締役
取締役	指名委員 報酬委員 代表執行役 執行役社長	FK 氏	当社入社 情報・通信グループ長＆ CEO 執行役常務 執行役専務 代表執行役副社長
取締役	監査委員長（常勤）	SC 氏	当社入社 監査室長 子会社取締役 子会社代表取締役執行役副社長兼取締役 当社取締役
取締役	監査委員（常勤）	NM 氏	当社入社 研究開発本部長 執行役専務 代表執行役副社長 取締役
取締役	代表執行役 執行役専務	NT 氏	当社入社 財務一部長 代表執行役専務 代表執行役専務兼取締役
取締役	指名委員 監査委員	OF 氏	社外取締役
取締役	指名委員	OM 氏	社外取締役
取締役	監査委員 報酬委員	NA 氏	社外取締役
取締役	監査委員 報酬委員	MK 氏	社外取締役
取締役	指名委員 報酬委員	MT 氏	社外取締役
取締役		UK 氏	当社入社 子会社代表取締役社長 同社顧問（現職）

取締役		DT 氏	子会社代表取締役社長 同社取締役会長（現職）
取締役		HY 氏	子会社代表取締役社長 同社取締役会長（現職）

出所：株式会社日立製作所平成 19 年度有価証券報告書より一部修正して筆者作成。

有価証券報告書の「役員の状況」における「執行役」欄を見れば、代表執行役社長１名、代表執行役副社長５名、代表執行役専務１名、執行役専務６名、執行役常務 15 名という具合に合計 28 名の執行役がいる。その中で取締役に就任しているのは、代表執行役社長（FK 氏）１名と代表執行役専務（NT 氏）１名の２名のみという体制は、業務執行機能と経営監督機能の分離という点からは評価されるべきである。また、取締役会長が執行役を兼務していないことも同様の点から評価できる。

しかし、前代表執行役会長兼取締役である取締役会長 SE 氏が指名委員長と報酬委員長を担当していることについては、両職とも社外取締役に担当させるのが経営の透明性と客観性の向上の点から好ましいのではないかと考える。指名委員会は株主総会に提出する取締役の選任・解任に関する議案の内容を決定する委員会であり、報酬委員会は執行役等の個人別の報酬等の内容の決定をする委員会である。前代表執行役社長を取締役会長にし、指名委員長と報酬委員長を担当させ、現代表執行役社長 FK 氏にも指名委員と報酬委員を担当させることは、業務執行と経営監督の分離という点からは大いに問題があろう。

さらに、常勤の監査委員長および監査委員が２名とも社内出身者であるが、独立性の強化を目指して少なくとも１名は社外取締役に担当させるべきである。また、子会社代表執行役副社長 SC 氏に監査委員長を担当させるのは、親会社・子会社間の力関係により厳正な監査が実施できない虞があるため、監査委員長は社外取締役とすべきである。ちなみに SC 氏は、過去にその子会社の業務執行取締役となっていたためそもそも社外取締役の要件を満たさない（会社法２条 15 号）。

同社だけではなく取締役と執行役の兼務は委員会設置会社において、ごく一般的に行われているが、コーポレート・ガバナンス上、根本的な問題であるので早急に是正していくべきである。

5. 「委員会等設置会社」から「監査役設置会社」への再移行

日本監査役協会の調査[17]によれば、委員会等設置会社から監査役設置会社に再移行した会社は、2008年12月3日現在、19社ある。委員会等設置会社より監査役設置会社の形態を再度選択したということは、どのような理由によるのか興味深いので調査してみた。EDINETで調査できるのは、19社のうち上場企業5社であったが、株式会社ファルテックは2007年、上場廃止となったため調査不能であった。したがって、株式会社メガチップスシステムソリューションズ、ニイウスコー株式会社、サンスター株式会社、日本電産サーボ株式会社の4社を調査した。

株式会社メガチップスシステムソリューションズは、調査の結果、委員会等設置会社に移行した事実が確認できず、一貫して監査役設置会社であったようである。

日本電産サーボ株式会社は、親会社に合わせる形で変更したことが分かった。

ニイウスコー株式会社は、ほんの1年で再移行したわけであるが、同社平成18年度有価証券報告書の「コーポレート・ガバナンスの状況」には、次のように説明されている。

「4年前の平成15年9月に委員会等設置会社に移行し、経営と執行を分離しました。経営の基本方針と監督を担う取締役会の補助機関として、法定の監査委員会、指名委員会、報酬委員会の三委員会に加えて、法務委員会、人事組織委員会を設置しました。また、業務の執行を担う執行役が経営執行に関する重要事項を合議決定する機関として執行役会を設置するととも

17　http://www.kansa.or.jp/PDF/iinkai_list.pdf

に執行役会の補助機関として企画委員会等、7委員会を設置いたしました。
　3年前の平成16年9月の定時株主総会の決議を経て委員会等設置会社から発展的に進化させた監査役制度採用会社といたしました。新たなガバナンス体制においては、取締役会の補助機関としての委員会と、執行役員会の補助機関としての委員会とにミッションを明確に分け、委員会の機動的、有機的な活用とコンテンションを生かした意思決定による健全性の確保を行い、更なるコーポレート・ガバナンスの強化を図ることといたしました。」

とあるが、委員会の再編・活用は委員会設置会社の体制においても実行可能であると考えられ、「委員会等設置会社から発展的に進化させた」と言うに足る再移行の明確な理由は示されていない。「更なるコーポレート・ガバナンスの強化を図ること」がいかにすれば可能になるのか説得力に欠ける。

　サンスター株式会社の場合は、委員会等設置会社に移行するに当たって平成15年度有価証券報告書において次のように述べている。

「当社のコーポレート・ガバナンスは、経営監視の強化と業務執行の迅速化を基本としており、社外取締役および社外監査役の登用や執行役員制度の導入を進めてまいりましたが、さらにコーポレート・ガバナンス体制の強化を図るため本年6月開催の定時株主総会にて委員会等設置会社に移行しました。」

というように、「経営監視の強化」と「業務執行の迅速化」を基本としていることが示されており、今まで採用してきた「社外取締役」および「社外監査役」の登用や「執行役員」制度の導入ではコーポレート・ガバナンス上、十分でないということで委員会等設置会社に移行したわけである。

　それにもかかわらず、平成17年度有価証券報告書において、再移行の経緯を次のように説明している。

「当社は、経営監視の強化と業務執行の迅速化をコーポレート・ガバナンスの基本方針としており、平成16年6月に移行した委員会等設置会社の形態のもとで、コーポレート・ガバナンス体制を進めてまいりました。具体的には、社外取締役3名を含む6名の取締役で構成される取締役会が経営の基本方針を決定し、その監督のもと、取締役会により選任された執行役4名により業務執行が行われておりました。同時に過半数が社外取締役により構成される指名委員会、監査委員会、および報酬委員会の3委員会が外部の視点による経営監視機能を果たしてまいりました。

今般、より経営効率を高めるため、本年（平成18年）6月26日開催の定時株主総会にて、本年5月に施行された会社法のもとでの監査役会設置会社として、コーポレート・ガバナンス体制を推進していくこととしました。この体制により、取締役8名（社外取締役は選任しておりません）からなる取締役会により経営の迅速化を進めると同時に、社外監査役2名を含む3名の監査役で構成される監査役会および内部監査部門により経営監視を進めてまいります。」

社外取締役を排除し、ひいては過半数が社外取締役により構成される指名委員会、監査委員会、および報酬委員会の3委員会も無くし、「経営効率を高め」、「取締役会により経営の迅速化を進める」とは、業務執行と経営監督の両機能を取締役会が支配するという従来の構図に逆戻りするだけであり、ガバナンス上は後退したと言うべきであろう。

会社法は「監査役会設置会社では、監査役は3人以上で、かつその半数以上は社外監査役でなければならない。（会社法335条3項）」と規定している。同社は監査役3名のうち社外監査役2名を含むとはいうものの、そのうち1名はサンスターグループ企業である「サンスター技研株式会社」の代表取締役社長である。社外監査役とは、「過去に当該会社又はその子会社の取締役・会計参与若しくは執行役又は支配人その他の使用人となったことがないものをいう（会社法2条16号）。」ので、連結子会社ではないグループ会社の社長を社外監査役としていることは、会社法には抵触しないが、両社間には間違いなく支配従属関係は存在する。法の趣旨を理解していないと言われても仕方がない。

この3名の監査役で構成される監査役会により厳正な経営監視が可能なのか疑問が残る。まさに社外監査役の独立性が問われるわけであり、社外監査役に経営陣の友人・知人を就任させるようでは外部の視点からの経営監視機能は期待できない。コーポレート・ガバナンス上の問題を抱えていると言わざるを得ない。

以上見てきたように、「委員会等設置会社」から「監査役設置会社」への再移行には、各社とも説得力ある理由が提示されていないように思える。

6. むすび

以上で示してきたわが国のいくつかの企業のコーポレート・ガバナンスは、決して特異な事例を紹介したものではない。監査役会設置会社において代表取締役が社長であり、あるいは代表取締役が代表執行役員であるケースは枚挙に暇がない。委員会設置会社においても、取締役が執行役を兼務しているケースは殊のほか多い。いずれの形態を採用していても、業務執行機能と経営監督機能の分離は、多くの企業において実現していないことが最大の課題だと考える。

それはアメリカにおいても同様である。メイス[18]やローシュ[19]は、今日では

---

18 「今日では取締役会が経営者を選任するのではなく経営者が取締役会を選任している。取締役会の機能の定義で最も一般的な、「社長を選任すること」は既に最大の神話になってしまったというのである。」道明（訳）［1991］80ページ。

19 深尾等も、取締役とCEOの力関係をLorschの著書を参考にしながら以下のように述べている。

「ハーバード大学のLorsch教授は、大会社の400社の取締役およそ1,000人に対して行った実態調査の結果を踏まえて、取締役が取締役会において果たす役割は指名委員会をはじめとする各種委員会の設置等を背景に増大しているが、取締役会における議論を実質的にリードしているのは依然としてCEOであると指摘している。Lorschは、取締役会における議論をCEOが実質的にリードしている理由として次の点を挙げている。

「第一は、約8割の公開会社でCEOが取締役会の会長を兼任しており、取締役会の議題や議事進行をCEOがコントロールしていることである。

取締役会は意思決定機能も経営監督機能も有せず形骸化しており、社外取締役も、情報の欠如、時間的制約などの原因により有効に機能していないことを明らかにしている。次期社長を選任するのは、取締役会ではなくて社長だと言うのである。アメリカにおける取締役会会長と最高経営責任者が分離している会社の比率は20%以下だと報告されている[20]。

イギリスでは、コニヨンの調査[21]や、2-2で述べたPIRC報告書によれば、取締役会会長職と最高経営責任者（CEO）との権限分離は着実に進展しているようであるが、わが国においても、経営監督機能と業務執行機能を分離させたほうがコーポレート・ガバナンス上、確かに好ましいと真剣に考えるのであれば、監査役会設置会社における代表取締役と社長、あるいは代表取締役と執行役員の兼務を止めさせるべきであるし、委員会設置会社においても、取締役の執行役兼務も見直すべきである。経営監督と業務執行の分離を促進していない会社に、コーポレート・ガバナンスを語る資格はない。

【参考文献】

アメリカ法律協会（著）・証券取引法研究会国際部会（訳編）[1994]『コーポレート・ガバナンス』日本証券経済研究所。

伊勢田道仁 [1994]「わが国における取締役会の課題」『取締役会制度の現代的課題』大阪府立大学経済研究叢書 No.80。

第二は、多くの取締役は他の会社のCEOであり、非常に多忙であるため、当該会社の経営を常に考えているCEOに対して、その会社の業務に関する知識や経験等の面で太刀打ちできにくいことである。すなわち、自らの職務を遂行するために必要な情報を得ていると取締役は考えているが、取締役に対してどのような情報を提供するかはCEOが決定しているため、ほとんどの場合において、取締役はCEOの視点を通して会社を見ているといっても過言ではないと指摘されている。

第三は、取締役の選任に当たってCEOが有している影響力が非常に大きいことである。8割強の会社で指名委員会が設置されているが、指名委員会が自ら取締役の候補者を探し出すことは極めて稀であり、多くの会社では、指名委員会の役割は、CEOが推薦した候補者のリストを株主総会に提出することの承認に留まっている。また、株主総会でも通常は提出された候補者リストが承認される。したがって、実質的にはCEOが取締役を選任しているとLorschは指摘している。」深尾・森田 [1997] 83-84ページ。

20　若杉 [2005] 118ページ。

21　日本コーポレート・ガバナンス・フォーラム編 [2001] 32-34ページ。

奥島孝康（監修・著）［2007］『企業の統治と社会的責任』金融財政事情研究会。
飫冨順久（他）［2006］『コーポレート・ガバナンスとCSR』中央経済社。
神田秀樹［2005］『会社法（第7版）』弘文堂。
菊池敏夫・平田光弘（編著）［2000］『企業統治の国際比較』文眞堂。
金融財政事情研究会［2001］『OECDのコーポレート・ガバナンス原則』金融財政事情研究会。
経済同友会［1996］『第12回企業白書「日本企業の経営構造改革―コーポレート・ガバナンスの観点を踏まえた取締役会と監査役会のあり方」』。
小島大徳［2004］『世界のコーポレート・ガバナンス原則』文眞堂。
小森清久［2008］『アメリカ内部統制論』白桃書房。
関孝哉［2006］『コーポレート・ガバナンスとアカウンタビリティー』商事法務研究会。
竹下ちえ子［1993］「アメリカにおける社外取締役の役割とコーポレイト・ガバナンス（上）」『商事法務』1327号。
出見世信之［1997］『企業統治問題の経営学的研究』文眞堂。
東京弁護士会会社法部（編）［2001］『執行役員・社外取締役の実態』別冊商事法務243号、商事法務研究会。
道明義弘（訳）［1991］『アメリカの取締役：神話と現実』文眞堂。
中村瑞穂［2007］『日本の企業倫理』白桃書房。
日本コーポレート・ガバナンス・フォーラム（編）［2001］『コーポレート・ガバナンス：英国の企業改革』商事法務研究会。
八田進二・橋本尚（共訳）［2000］『英国のコーポレート・ガバナンス』白桃書房。
――（編著）［2007］『外部監査とコーポレート・ガバナンス』同文舘出版。
深尾光洋・森田泰子［1997］『企業ガバナンス構造の国際比較』日本経済新聞社。
宮内義彦［2008］「“日本型”コーポレート・ガバナンスの確立に向けて」『月刊監査研究』No.416、日本内部監査協会。
若杉敬明（監修）・眞田光昭（訳）［2005］『コーポレート・ガバナンスと取締役会』シュプリンガー・フェアラーク東京。

第2章 監査役の職務権限と独立性

1. はじめに

本章では2005年（平成17年）に成立した会社法以前の、商法における監査役について検討していく。今日の会社法における監査役会規程の源となった商法における監査役に関する規定を検討しておくことは有意義であろう。

商法では株主保護および債権者保護の観点から、株主総会、取締役会、監査役会という3つの機関に経営者の監督をさせていた（商法237条ノ3、同260条、同274条）。しかし、わが国の大会社においては経営者支配が進み、株主総会や取締役会が形骸化していた。このような状況下において監査役会監査による経営者に対する監督は、一段と重要性を増していた。監査役は各自が会社の機関を構成し、数人の監査役がある場合でもおのおのが単独で監査役の職務権限を有するという独任制[1]の会社機関であり、監査役監査は商法第274条第1項「監査役ハ取締役ノ職務ノ執行ヲ監査ス」により規定されていた。

本章では、まず監査役の職務権限や監査役の独立性について検討し、その後に経営監督制度としての監査役監査の位置付けを諸外国と比較しながら検討し

1　「平成5年の商法改正により、監査役全員によって構成される監査役会制度が法定された（商法特例法18条ノ2）。しかし本来、独任制の監査役については、取締役会のようにすべて多数決で処理することはできない。そこで商法、商法特例法は監査役と監査役会の権限を個別に仕分けたうえ、監査役会により監査役の権限・意見が封殺されないように配慮している（商法特例法18条ノ2第2項但し書）。」（鈴木・竹内［1994］323ページ。）

ていく。

倉澤［1979］（243-244ページ）は、監査役制度と取締役制度の歴史的変遷について以下のように説明している。「監査役は、歴史的にはオランダ東印度会社における大株主会の企業支配への参加という形式で発生したものといわれるが、これが一方では、英米法におけるように経営担当者と合体して取締役会となり、他方では、ドイツ法におけるように経営担当者を選任・監督する監査役会となった。このような沿革から生じた監査役は、株主の代表として経営担当者の経営活動を監督する者である。これに対してわが国では最初に成立した近代的商法典である旧商法1890年（明治23年）の時から、監査役に業務執行の監督機関としての地位と、決算検査機関としての地位とを共に与えてきた。そしてこれが商法1899年（明治32年）に引き継がれたが、その資格を株主に限り、総会招集権、取締役に対する会社代表訴訟権が認められていたことなど、本質的には監査役は経営監督機関たる地位として捉えられていたものと思われる。ここに経営の監督機関とは、取締役のなす業務執行行為をチェックし、コントロールするものを指すが、現実には取締役の下部機関となり、これを監督するなどということは到底不可能であった。したがって1938年（昭和13年）改正法は、監査役の資格を株主に限定する実質的理由はもはや失われているものとしてこれを削除するに至った。」

それではまず図表2-1で、わが国の監査役制度の改正経過を整理しておこう。

図表 2-1　監査役制度の改正経過

制定（改正）時期	資格	任期	員数	機関性	取締役または支配人との兼任の可否	監査範囲
明治17年法（ロエスレル草案）	株主に限定	2年	3人以上5人以内	任意機関	認める	業務監査（妥当性監査を含む）
明治23年法	同上	2年以内	3人以上	必要機関	同上	同上
明治26年改正法	株主に限定	2年	2人以上	必要機関	認める	業務監査（妥当性監査を含む）
明治32年法	同上	1年	1人以上	同上	禁止	同上
明治44年改正法	株主に限定	2年以内	1人以上	同上	禁止	業務監査（妥当性監査を含む）
昭和13年改正法	株主に限定せず	同上	同上	同上	同上	同上
昭和25年改正法	同上	1年以内	同上	同上	同上	会計監査のみ
昭和49年改正法	同上	2年以内	同上	同上	同上	業務監査（会計監査を含む）
昭和56年改正法	同上	同上	大会社は2人以上	同上	同上	同上
平成5年改正法	同上	3年以内	大会社は3人以上※	同上	同上	同上
平成13年改正法	同上	4年※※※	同上※※	同上	同上	同上

注：※1993年（平成5年）の商法（商法特例法）改正では、いわゆる大会社については、員数が3人以上とされただけではなく、そのうち1人以上は社外監査役であることが要求され、さらに監査役全員で監査役会を組織することが強制されるに至った。

※※2001年（平成13年）の改正では、監査役会設置会社では、3人以上で、かつ、その半数以上（過半数ではない）は、「社外監査役」でなければならないとされた。

※※※監査役の任期は、4年（選任後4年以内に終了する事業年度のうち最終のものに関する定時株主総会の終結の時まで）とされた。

出所：「日本公認会計士協会25年史編纂委員会編集『會計・監査史料』日本公認会計士協会」、1977年（昭和52年）」を基に1981年（昭和56年）、1993年（平成5年）および2001年（平成13年）の改正分を筆者が追加して作成。

2. 監査役の職務権限

2-1. 「職務ノ執行」と業務執行

監査役は「取締役ノ職務ノ執行ヲ監査ス」(商法第274条第1項) る機関であるから、会計に限らず会社業務の全般にわたって監査する職務権限を有し、代表取締役や業務担当取締役の業務執行はもとより、取締役会の決議もその監査対象となる[2]。

ところで、「職務ノ執行」と「業務の執行」の定義について友杉 [1992] (194ページ) は、「『業務の執行』とは、株主総会の専属的決議事項 (例えば定款の変更・会社の解散等) 以外の日々の会社業務を対内的・対外的に処理することをいう。それに対して「職務ノ執行」は、「業務の執行」より広い概念であり新株発行や合併など会社組織に関する事項を含み、取締役の地位に基づく業務として行うすべての行為を含む。したがって、監査役は企業経営の日々の業務以外に会社の組織に関する事項を含めて、取締役が会社機関としての職務上行う行為のすべてを対象にするため、商法では「業務の執行」とは言わず「職務ノ執行」という表現を採っているのである」と説明している。これに従えば監査役監査は、取締役の職務の計画段階、実行段階、統制段階のすべての段階において行われるものであるということになる。

2-2. 業務監査と会計監査

高田 [1979] (28-29ページ) は、監査役の業務監査と会計監査について、「業務監査とは、一般に経営における会計業務以外の業務活動を取り上げ、その合理性を問題とする監査であるといわれる。購買、製造、販売等の諸活動あるいは特定の部門や事業部の監査はこれに属する。この場合、会計および会計監査の

---

2 鴻 (他)(編)[1986] 154ページ。

結果を利用することもあれば、それらとは無関係に行われることもある。一方、会計監査とは、財務諸表監査をも含む、より広い概念と一般に考えられている。会計は、証票作成や帳簿記録、財務諸表作成および表示の一連の過程からなり、会計監査はこれらのすべてを調査し、さらに事実と最終結果である財務諸表との照応関係を吟味し、その結果を内外の利害関係者に報告することを意味する。」[3]と述べているが、監査役の業務監査と会計監査との関係については、商法は業務監査や会計監査の用語を使用しておらず、それらの概念の定義も行っていないため、下記のような分類がなされることがあった[4]。

2-2-1.「会計の業務」と「会計以外の業務」

「会計の業務」と「会計以外の業務」とに分け、前者の業務を監査するのが会計監査であり、後者の業務を監査するのが業務監査であるとする見解である。この分類方法は、商法特例法14条3項2号「会計以外の業務の監査の方法の概要」という表現に求めることができる。

2-2-2. 分離説と非分離説

会計監査と業務監査を分離説と非分離説とから理解する見解がある[5]。分離説とは、会計監査は業務監査から独立して行われると考える説である。例えば、役員報酬が定款や総会で決めた枠を超えて支出され、その実際の支出額が役員報酬として会計処理されているケースの場合、実際の支出額の不適法が発見されても、その事実（実際の支出額）が会計的に正しく処理されておれば、業務監査不適法、会計監査適法と解するのである。一方、非分離説とは、会計監査は業務監査と不可分な関係にあると考える説である。すなわち実際の支出額が不適法であれば、その事実を処理した会計も当然不適法であると考えるのである。

3　高田［1979］28-29ページ。
4　友杉［1992］195-197ページ。
5　分離説と非分離説については、安藤［1985］292-308ページが詳しい。

2-2-3. 会計監査人の会計監査との関係

監査役の行う会計監査と、会計監査人の行う会計監査との関係について、鈴木［1994］(214-215ページ）は、「監査役は、業務監査のみならず会計監査の職務権限を有するが、大会社では会計監査人が会計監査にあたる（商法特例法第２条）ので、その場合にも監査役が会計監査を一般の場合と同様に行うべきものとすると、監査が重複することとなる。そこで、このような会社の監査役は会計監査については職業的専門家である会計監査人の監査を信用して一歩後退することを許され、会計監査以外の業務監査に職務の重点をおくことになる」[6]と述べている。

西山［1994］(26-27ページ）も「監査役は会計専門家でないことが通例であり、財務諸表の適正を確保するための監査としては必ずしも有用ではない。しかし、監査役の会計監査の目的は、業務監査の場合と同様に、経営者の誠実性の確保にあるものと考えられ、その意味では業務監査の一側面にすぎないとも言える。しかし、会計監査の責任を負うことからすれば、監査役は内部統制に依存する程度が高くならざるを得ず、その有効性の評価および内部監査部門との協調が不可欠なものとなる。もっとも、大会社の会計監査では、監査役と会計監査人の監査はそれぞれ独立して別個に行われることを建前とするが、両者の関係を実質的にみると、会計専門家である会計監査人の監査は特段の事情がないかぎり、十分に信頼のおけるものであることから、監査役が重ねて同様の監査を行う必要はなく、会計監査人の監査報告書を注意して参照すれば足りる。したがって、会計監査人の監査を相当であると認めるときは、監査役の監査報告書では、会計監査事項に触れずに済ませることができる（商法特例法14条３

6　鈴木［1994］(214-215ページ）は、監査役の業務監査と会計監査の関係について以下のように述べている。

「監査役は、業務監査のみならず会計監査の職務権限を有するが、大会社では公認会計士または監査法人という会計監査人が会計監査にあたる（商法特例法２条）ので、その場合にも監査役が会計監査を一般の場合と同様に行うべきものとすると、監査が重複することとなる。そこで、このような会社の監査役は、会計監査については職業的専門家である会計監査人の監査を信用して一歩後退することを許され、会計監査以外の業務監査に職務の重点をおくことになる。」

項)。その意味では監査役の監査は業務監査を主とし、会計監査は二次的なものと考えることができる。」と述べている。

ここで重要なことは、「会計監査と業務監査は、相互に密接に関連しているということである。すなわち、会計は企業の経営活動を貨幣価値によって測定するものであり、会計以外の業務についての情報を提供するものである。換言すれば、取締役の会計業務とそれ以外の業務とは表裏一体を成すものであると言うことができる。したがって会計監査を行うためには、会計記録だけを追って監査するのではなく、業務をも取り上げて監査することが必要な場合が多い。また逆に、業務監査の場合にも、監査のための資料として会計記録が重要であり、会計監査にまで踏み込むことが必要な場合が多い。監査役は会計と業務の両方の情報を収集し、相互の関連性を重視しながら監査を進めていくことが必要である」[7]ということである。筆者も同感である。

2-3. 適法性監査説と妥当性監査説

商法は「監査役ハ取締役ノ職務ノ執行ヲ監査ス」(274条1項) と規定していたが、この文言からだけでは監査役の業務監査権限が、取締役の職務執行の適(違)法性のみを対象とするのか、それともその妥当性にも及ぶのか必ずしも明らかではない。1950年 (昭和25年) 改正前の商法においては、各取締役は個別に会社の業務執行権限および代表権限を有し、監査役は株式会社の唯一の監査機関として会社の業務全体に対する監査権限を有していた (1950年改正前商法274条)。当時の監査役の監査権限は、取締役の業務執行の適法性にとどまらず、妥当性にも及ぶと考えられていたが、1950年の商法改正では、アメリカ法の影響を受けて取締役会制度が法定され、会社の業務は取締役会が決し、その執行は取締役会の決議を以て定められる代表取締役がこれを行うこととなった (1950年改正商法260条・261条)。取締役会は業務の決定権限と代表取締役の選任権限を有する機関として、当然に代表取締役の業務執行を監督する権限を有する

7　森実［1978a］41-42ページ。

ものと考えられ、しかもこの権限は業務執行の適法性、妥当性はもちろんのこと、執行の経済的合理性ないし効率性にまで及ぶことになった。取締役会制度の法定化に伴い監査役制度を引き続き存続させることの意義についても論議となったが、結局監査役は会計監査権限のみを有して存続することになった(1950年改正商法274条)。ところが、1974年（昭和49年）の商法改正は、取締役会の業務監査権限は従来どおり維持したままで、監査役は取締役の業務執行を監査することとし（1974年改正商法274条)、監査役の業務監査権限を復活させた。その結果、取締役会の監督権限と監査役の業務監査権限との関係をどのように説明するかが問題となり、ここにいわゆる監査役の適法性監査論、妥当性監査論が主張されるようになったのである。

この点について諸学説を以下の6つに分類して検討する[8]。

2-3-1. 第1説（適法性監査説—適法性のみ監査できるとする説）

この説は、監査役の業務監査は適法性監査に限られ、妥当性監査には及ばないと解するもの[9]で、学説の多数説である。この説は、監査役の調査報告の義務・その差止請求の権限・その監査報告書の記載事項等に関する商法275条、275条の2、281条の3第2項の規定に照らしても、また実際上、業務執行の局外にある監査役に妥当性の監査を要求することが困難であることから考えても、監査役には妥当性監査の職務権限はないと解するのが正当であるとする。なお、取締役の職務執行が著しく不当な場合（商法275条・同281条ノ3第2項8号）には、当然、忠実義務（商法254条ノ3）違反に当たることから、その監査も、結局は適法性監査に帰することになる[10]としている。もっともこの説も監査役が取締役の業務の妥当性に関して意見を述べたり質問をすることが全く許されないと解するわけではない。つまり、「著シク不当」な事項を発見するためには、

8　6つの分類の仕方についてのみ荒谷［1994］39-60ページを参考にした。

9　大隅・今井［1992］304ページ、戸塚［1986］330ページ、菅原［1992］269ページ。

10　大隅・今井［1992］304ページ、鴻（他)(編)［1986］154ページ、並木［1983］285ページ。

ある程度の注意を払うことが当然必要となるが、それはあくまでも適法性監査の実施方法の中で要求されるのであって、妥当性監査自体が監査役の職務をなすものではない[11]とするものである。

2-3-2. 第2説（適法性監査説―「著シク不当」な時のみ妥当性監査も可とする説）

この説は、監査役監査は違法性の監査が中心であるけれども、取締役の職務執行が「著シク不当」な場合にそれを指摘するという限られた範囲で妥当性の監査にも及ぶとし、基本的には適法性監査に限られるとしながらも、一定の範囲で監査役の妥当性監査を肯定する立場である[12]。すなわち、監査役は法令・定款違反の他「著シク不当ナル事項」があると認められる場合にも、株主総会に意見を報告し、または監査報告書に記載しなければならない（商法275条・同281条ノ3第2項8号）とされていることを考えれば、監査役監査が厳密に適法性監査に限定されると解することには無理がある[13]として、誰が見ても取締役の職務執行が不当と認められる場合には、法のいう「著シク不当」な場合に該当し、その限りで監査役の業務監査は、例外的に妥当性監査にも及ぶとする立場である[14]。なお、この説に対しては「著シク不当」な業務執行が存するにもかかわらず、取締役の忠実義務違反が問題とならない場合が果たしてありうるかは疑問であるとの批判[15]が、第1説の立場からなされている。

以上の2説は、基本的には、監査役の監査は適法性監査に限られるとする立場である。

これに対して、監査役は妥当性監査もなし得るとする見解がある。妥当性監査説を採る理由としては、①そもそも監査実務において妥当性監査と適法性監

11　大隅・今井［1992］305ページ。

12　西山［1994］28ページ、前田［1995］251ページ、龍田［1995］122ページ、竹内［1984］118-119ページ、鈴木［1994］210ページ、鈴木・竹内［1994］314ページ。

13　竹内・上柳（他）(編)［1987］446ページ。

14　竹内・上柳（他）(編)［1987］445ページ。「著しく不当」と違法性との関係については、戸塚［1986］329-359ページが詳しい。

15　大隅・今井［1992］305ページ。

査の境界を明確に設定することは困難であるうえに、②監査役は経営活動の妥当性をも含めて調査して初めて違法な行為を摘出できるのであって、この意味で、監査役の調査活動に関する限り適法性監査・妥当性監査を論ずる意味がないこと[16]、③法文上（商法274条・同260条ノ3第1項）も適法性監査に限る旨の制限がないこと[17]、などを挙げている。なお、この立場は、許容される妥当性監査の範囲の大きさによって、さらに3つに分類することができる。

2-3-3. 第3説（妥当性監査説―消極的・防止的な妥当性監査）

この説は、経営政策的または能率増進を目的とする積極的な妥当性監査は取締役会の職務権限であるが、一定事項が不当か否かといった消極的かつ防止的な妥当性監査は、監査役の職務に属すると説く見解である。すなわち、この説はまず、妥当性監査には①経営政策的または能率増進を目的とし、積極的に一定の営業活動または生産活動をなすべしとの前向きのもの（積極的な妥当性監査）と、②不当な点がないかどうかをチェックする消極的・防止的なもの（消極的な妥当性監査）の2種類があるとした上で、取締役会の妥当性監査は、①を主としながらその両方を含むのに対して、監査役の妥当性監査は②に限られると捉える見解である[18]。

2-3-4. 第4説（妥当性監査説―広く妥当性一般を監査できるという説）

第3説が監査役のなし得る妥当性監査の範囲を限定するのに対して、監査役の監査も、広く妥当性一般に及ぶと解するのが、第4説の立場である。この説は、取締役の監査と監査役の監査ではその目的も性格も異なるということを強調し、同じく妥当性監査と言っても取締役会と監査役のそれは観点が全く異なると主張する[19]。つまり取締役会の妥当性監査は、業務執行機関内部における

---

16 片木［1991］704ページ。
17 田中［1994a］687ページ。
18 田中［1994a］687ページ、森淳二朗［1982］775ページ。
19 戸塚［1986］343ページ。

自己監査の観点からなされるものであるのに対して、監査役のそれは監査機関としての任務に従った観点からなされるものであるとする[20]。

2-3-5. 第5説（妥当性監査―権限の種別に従って検討するという説）

この説は、監査役の職務権限一般について論ずるのではなく、監査役が有する個々の権限の内容・種別に従って、権限の範囲を検討すべきであると説く見解である。すなわち商法は監査役の職務権限につき、274条1項において、「取締役ノ職務ノ執行ヲ監査ス」と包括的な規定を設ける一方で、監査役の権限を個別化して、調査権限、勧告・助言権限、報告権限、是正権限等に関する規定を設けていたが、これは抽象的な監査権限を具体化するとともに、必要に応じて個々の監査権限に制約を加えようとしたものであり、法は監査役の範囲に差異を設けていると考えることができる。具体的には、調査・報告請求権（商法274条2項)、勧告・助言権限（商法260条ノ3第1項）については、法は何の要件も制約も加えておらず、また、これによって取締役の業務執行を特に阻害することもないので弊害は少なく、むしろ監査役の権限強化の点からみれば、監査役はその妥当性についても制限なく監査できると解することこそ監査の実が上がると言えるが、各種報告権限（商法275条・同281条ノ3第2項）については公の場でなされることから、これを無制限に認めると会社の義務に対する影響が極めて大きいので、妥当性には及ぶものの著しく不当である場合に限られるとしている。また、差止請求権（商法275条ノ2第1項）などの是正権限については、一応妥当性にも及ぶが会社に著しい損害を生ずるおそれがある場合、という別の要件によって制約される[21]としている。なお、倉沢［1979］（337ページ）は、監査役の職務を事前的な監督機能と事後的な検査機能とに分け、検査機能に関しては、適法性であると妥当性であるとを問わず監査役の監査対象となるが、監督機能については適法性監査にとどまると解しており[22]、実質的にはこ

20　戸塚［1986］343ページ、三沢［1985］165-167ページ。

21　片木［1993］167ページ。

22　倉澤［1979］337ページ。

の第5説に近い。

2-3-6. 第6説（上記5つの学説間に大きな違いはないとする説）

最後に、第6説は、仮に適法性監査に限るとする立場に立ったとしても、取締役の行為が「著しく不当」な場合には、忠実義務（商法254条ノ3）違反として違法となるが、取締役の忠実義務違反の有無をも監査の対象とするということは、取締役の行為の妥当性をも監査することになるから、そもそもこうした議論の対立は結果として、そう大きな違いはないとする見解である[23]。上記6つの学説を整理すると図表2-2のとおりである。

図表2-2　監査役の職務権限をめぐる学説分類表

	適法性監査	妥当性監査
第1説	○	× 著しく不当な場合は忠実義務 （商法254条ノ3）違反
第2説	○	△ 著しく不当な場合のみ可
第3説	○	○ 消極的・防止的な妥当性監査
第4説	○	○ 広く妥当性一般を監査
第5説	○	○ 権限別に妥当性の範囲を検討
第6説	上記5つの学説間には大きな違いはないとする説	

出所：筆者作成。

2-3-7. 学説比較

以上、監査役の業務監査権限の範囲をめぐる学説を検討したが、このうち第1説と第2説は、「著シク不当」な行為を違法な行為に還元するか否かの違いがあるだけで、実質的にはほとんど差異はない。また第2説と第3説も、一定の

23　河本［1995］431ページ。

場合に例外的に妥当性監査を認めるのか、あるいは一定の場合に妥当性監査が制限されるのかといった言葉の言い回しの違いはあるものの、その内容においてそれほど差異はない[24]。そして、監査役に広範な妥当性監査権限を認める第4説に対して、他の4つの学説は監査役のなす妥当性監査の範囲をいずれも制限的に解していることに留意する必要があるとは言え、この問題をめぐる学説の対立は結果として大きな差異はない。

さて適法性監査のみを主張する第1説の論者は、「妥当性監査にまで監査権限を拡大すると、業務執行の妥当性についても監査役は責任を負うことになるため、監査役に困難にすぎる任務を強いることになる」[25]と主張している。しかし実際問題として「業務監査を妥当性監査と適法性監査に厳密に区別することは、必ずしも容易ではない。たとえば、監査役の選任・解任について、監査役が株主総会で意見を述べる場合（商法275条ノ3）には、適（違）法性ではなく、正当・不当を問題とするはずであるし、政治献金が会社の規模や業績などから見て、違法とまでは言えなくても、社会通念上、不当である場合にはこれにつき注意を促すことも当然認められるはず」[26]である。仮に多数説が言うように、著しく不当な場合は、忠実義務違反として法令定款違反に当たるとしても、「そもそも著しいか否かの判断こそ、妥当性の問題である」[27]と言わざるを得ない。このことからも監査役は、適法性監査のみならず業務執行の妥当性について監査する権限を有すると解すべきであろう[28]。

西山［1994］(28ページ）は第2説に立脚しているようであるが、西山［1995］(158-159ページ）では、さらに明快に代替的経営機関説に則り「裁量的監査説」

24　片木［1991］703ページ。

25　大隅・今井［1992］305ページ。

26　田中［1994b］688ページ。

27　三沢［1985］167ページ、安井［1983］12ページ。

28　日本監査役協会［1989］(23-24ページ）の監査役に対するアンケート調査（有効回答者数54名）によれば、妥当性監査も行っているとの回答は44名（81.5%）にも達している。そして、妥当性監査も行っている理由として最も多かった（13名）のは、「違法性監査と妥当性監査の領域区分は難しいし、両者は一体のものであるので妥当性監査を避けて通ることはできない。」とするものであった。

を展開している[29]。すなわち「昭和25年の商法改正により、取締役会制度が法定され、これに業務執行の決定権限を付与するとともに、併せて、代表取締役や業務担当取締役の職務執行行為の妥当性を判断させるという現行法（商法―筆者注）の制度的な枠組みにかんがみると、業務執行の決定に直接関与しない監査役に、取締役の職務執行の妥当性一般について監査させることは予定されていないものと考えられる。……監査役を取締役の上位機関と考えるならば別段であるが、監査役はあくまで取締役・取締役会と対等な機関にすぎず、また、その監査の目的および機能も取締役・取締役会の適正化・活性化にあるとすれば、その結果こそが重要であって監査役の活動の権限に制約を付ける必要はないものと言える。」[30]と述べ、「他方、監査役は取締役の職務執行の当否に関する監査報告を要するとすれば、監査役に対し困難に過ぎる任務を強いる結果になると解さざるを得ない。監査役の監査報告は、本来的に、株主の信任に答えるものであって、監査役としての自己の職務執行に関する報告と解すべきであって、いわば監査報告書である。その意味で、報告の内容・程度には原則として制限はなく、監査役の裁量に委ねられるべきものと言わざるを得ない。」[31]と述べている。しかも、「法文上、監査報告の面では、株主総会に提出される議案等につき、監査役は取締役の法令定款違反のほか、『著シク不当』かどうかについても株主総会に報告し、または監査報告書に記載すべきものとされている（商法275条、同281条ノ3第2項8号）ことから、むしろ監査報告の最低限度を画すると言う意味で、監査役の報告は、適法性の問題に加えて著しく不当な事項に及ぶべきものと解すべきであろう。」[32]としている。

筆者もその考え方に賛同する。すなわち、監査役の業務監査権限は適法性のみならず著しく不当な行為にも及ぶと解すべきである。

29　西山［2014］40-41ページも同旨。
30　西山［1995］158ページ。
31　同上書、159ページ。
32　同上書、同ページ。

3. 監査役の独立性

3-1. 商法における監査役制度の特徴

わが国の商法における監査役制度の特徴は、監査・監督機関としての機能面では取締役会と重複し（商法 260 条、同 274 条）、会計監査面では会計監査人と重複している（商法 274 条、商法特例法２条）点にあった。監査役監査は、制度的には大幅な拡充・強化が図られてきたとはいえ、実効性については依然として不十分さが指摘されたことがある。その最大の原因は、株主総会の形骸化により、株主総会に監査役の選任・解任権が付与されている（商法 280 条、同 254 条、同 257 条）とはいえ、実際の監査役人事権が監査役監査の対象である取締役会ひいては社長をはじめとした経営陣に掌握されていることにある[33]。さらに実際の運営上も、監査役は従業員の中から選出される社内監査役が多く、代表取締役等の取締役会構成員に対しては上司意識や仲間意識に支配されるため、監督機関としての中立性、独立性を保持して機能発揮をすることは、実際上期待し難い側面があった。

さて「監査は、第三者性を本質とする。この第三者性は監査主体の独立性と言い換えることができる」[34]。したがって、監査役監査にとって監査役の独立性強化は、その本質的要請であるといってよい。そこで 1993 年（平成５年）の商法改正では、監査役の独立性確保のための制度改正がなされたのである。すなわち監査役の任期を、従来より１年伸長した（商法 273 条）だけでなく、いわゆる大会社の監査役の員数を３人以上とし（商法特例法 18 条第１項）、社外監査役制度を導入し（商法特例法 18 条第１項）、さらに監査役会制度を新設した（商法特例法 18 条の２）。以下、監査役の独立性確保のための制度改正を順次取り上げて検討する。

33　酒巻［1992］３ページ。
34　高田［1979］16 ページ。

3-2. 員数の増加と任期の伸長

1993年の商法特例法改正では、監査役の員数は3人以上とされた（商法特例法18条）。監査役の員数は、1981年（昭和56年）の改正で大会社の場合には、監査役が1人だけで取締役の業務執行を監査することは無理であるということから2人以上と定められたのであるが、企業内容が一段と複雑化してきたことと、後述する社外監査役制度の導入が常勤監査役の員数の減少をもたらして監査役の情報収集力を低下させるおそれがあったため3名以上とすることにされた。

また、1993年の商法改正では、監査役の任期を「就任後3年内ノ最終ノ決算期ニ関スル定時総会ノ終結ノ時迄」と、従来より1年伸長した（商法273条）。1993年の改正前は監査役の任期は2年であった（改正前商法273条）が、現実には2期4年を務めることが多く[35]、そうした場合には、再選を期待する監査役はどうしても社長の顔色を伺い、正当な権限の行使にひるみがちだった。また、今日の複雑な会社経営を前提とすると、2年程度では監査役としての任務の遂行に必要な経験知識を会得しないままで任期を終ってしまい、監査の形骸化を増幅するおそれがあった。このようなことを考慮して任期を3年に伸長されたのである。

しかし、任期が3年になっても、任期切れ後の再任を望む監査役は依然として心理的抑制を受けることには変わりがない。そこで、「監査役の任期を5〜6年にし、そのかわり再任は認めない」とする案[36]も提案されていた。そうすることによって、監査役は再任の問題を気にすることなく監査を行うことができるわけである。再任を認めないとするのは、かなり極端なやり方ではあるが、1989年に公表された日本監査役協会の実態調査（1987年実施）[37]によれば、監査役の平均在任年数は3.8年である。したがって、かなりの数の監査役は1期あるいは2期で監査役を終えているわけであるから、再任を認めないかわりに任

35　山下［1993］170ページ。
36　城戸［1994］124ページ。
37　日本監査役協会［1989］。

期を5〜6年にするというやり方は、それなりに妥当性を有するものであろう。

3-3. 社外監査役制度

1993年の商法特例法改正により社外監査役制度が導入された。すなわち、商法特例法上のいわゆる大会社については、監査役の員数を3人以上とした上で、「そのうち一人以上は、その就任の前5年間、会社又はその子会社の取締役又は支配人その他の使用人でなかった者でなければならない」（商法特例法18条1項）と規定したのである。このように社外監査役制度が導入されたのは、「わが国の監査制度が、取締役会と監査役の双方に取締役の業務執行を監督・監査させるという二重構造を採っており、いずれも自己監督ないし自己監査的色彩が極めて強いからである。すなわち取締役会は、取締役として自己の行う業務執行を自ら監督することを余儀なくされ、しかも取締役自身が経営者側の体制に組み込まれているのが現状であり、また監査役もその大部分が選任直前まで取締役や使用人として業務執行に関与してきた、いわゆる横滑り監査役だったためである。」[38]。

しかし社外監査役制度導入の趣旨は、必ずしもこのような自己監査的色彩を抜本的に改めようとしたわけではない[39]。なぜなら社内監査役には、会社の業務に通じているため、情報収集面において的確かつ迅速に調査を行うことが期待できるという長所がある[40]からであり、このような社内監査役に加えて、業務執行から一定の距離をおいた立場から監査ができる社外監査役の選任を強制することで経営者からの独立性を確保することによって、両者が協力して一層適正な監査の実現を図ることこそが本制度導入の狙いだったのである。

3-4. 監査役会

1993年の商法特例法改正によって、いわゆる大会社について監査役会が法定

38　楠元［1994］165ページ。
39　前田［1995］376ページ。
40　楠元［1994］166ページ。

されたことは、社外監査役制度が導入されたことと関連している。すなわち、社外監査役には第三者的な立場からの監査が期待されるが、「独立性を重視すればするほど、業務知識や情報収集力が低下することは否定できない。ましてや社外監査役が非常勤で、監査に十分な時間を注ぐことが不可能と思われる場合にはなおさらである」[41]。そこで、その欠点を補うために、監査役全員による監査役会を法制化し、他の監査役が有している情報を社外監査役にも伝達し情報を共有する必要が生じたのである。たとえば、監査役から職務執行の状況および会計監査人の監査報告書の調査の結果等の報告を受ける権限を監査役会に与えた商法特例法18条の2第3項及び14条1項は、社外監査役を含めた監査役全員の間における情報の共有を可能にしたのである。つまり、会計監査人から報告を受ける権限（商法特例法8条第1項）が、個々の監査役から監査役会に移行されたことによって、会計監査人監査に関する情報が監査役会に一元的に集められることになったのである[42]。

1993年の商法特例法改正で導入された監査役会制度の趣旨は「複数監査役制を採るいわゆる大会社においては、各監査役が役割を分担し、それぞれが調査した結果を持ち寄って相互の調査を補うことにより、会社の業務についての必要にして十分な知識・情報を共通にすると共にそれに基いて相互の意見の内容や根拠について検証し合うことにより組織的な監査を実現し、その監査の一層の適正かつ実効性を期すため」[43]なのである。

さて、わが国における監査役の基本的な職務は、監査役が行った監査に関する意見を、監査報告書を通して株主に報告することにあると言える。しかし、株主が監査役の監査意見を客観性の高い信頼し得るものとして受け入れてくれなければ監査の実効性は期待できない。その意味で、監査特例法14条2項以下は、監査報告書の作成権限を個々の監査役から監査役会に移行させたが、これは、個々の監査役の意見よりも、社外監査役を含めた監査役全員による協議

41　楠元［1994］168ページ。
42　楠元［1994］155ページ。
43　楠元［1994］168-169ページ。

および多数決によって形成された監査役会の意見の方が客観的妥当性を有するとの考えに立つものであるし[44]、さらには経営者に対して監査役が個々的に意見を述べるよりも監査役会として意見を述べる方が、経営陣に対する影響が大きくなることも理由として挙げられた[45]。

前述のとおり、2001年の改正で監査役の任期は4年（選任後4年以内に終了する事業年度のうち最終のものに関する定時株主総会の終結の時まで）とされた。

4. 会社機構と監査役の独立性

4-1. わが国の経営監督制度

わが国の経営監督制度は、株主総会の他に取締役会制度、監査役会制度、職業会計監査人制度があり、世界各国の制度と比較しても決して劣っているわけではない。それにもかかわらず、わが国の経営監督制度の有効性がいつも問題にされるのは、形骸化してしまっている株主総会、取締役会といった会社機構を構成する各要素が抱える問題点もさることながら、ドイツ商法を起源に持つ監査役機構に、第二次世界大戦後、英米会社法を起源とする取締役会機構を継ぎ足した現行商法の会社機構それ自体に問題があるのではないかとの見方もある[46]。

そこで、まず諸外国の会社機構との比較を通して、わが国の会社機構の特徴を明らかにした上で経営監督機能の有効性とその問題点を明らかにしていきたい。

4-2. 各国の会社機構の比較[47]

まず、各国の会社機構を類型化し、わが国の会社機構がいずれに分類される

44　田邊［1994］155ページ。
45　前田［1995］399ページ。
46　山浦［1994a］264-265ページ。

か見てみたい。会社機構は、一元機構と二元機構に大別することができる。ここに一元機構とは、株主総会の下に取締役会があり、取締役会が経営意思決定をなすと共に、役員の行う業務執行をも監督する会社機構である。これに対して二元機構とは株主総会と取締役会の間に監督機構を設ける会社機構をいい、監督機構が取締役会の上位機構として取締役会を直接監督する権限を有するのが一般的である。

4-2-1. 一元機構制（基本型）（図表 2-3）

一元機構制の代表はアメリカである。アメリカの多くの大会社では取締役会に外部取締役を加え、外部取締役を構成メンバーとする監査委員会を設置し、取締役会を事実上の二元機構としている他、任意に独立の会計監査人を指名するのが一般的である（証券取引法適用会社は公認会計士監査を強制される）。

図表 2-3　一元機構制（基本型）

採用国：アメリカ

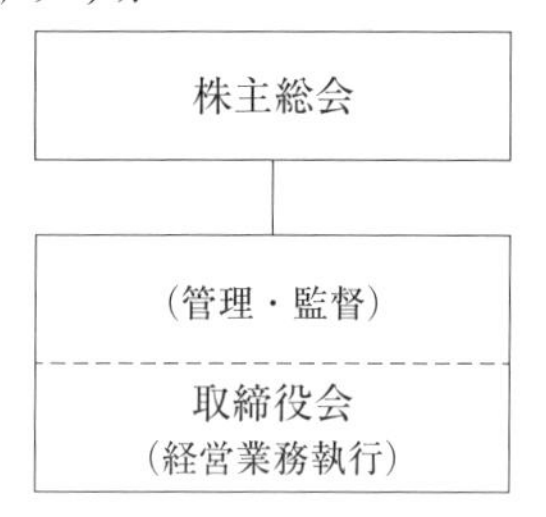

出所：山浦［1994b］19 ページ。

4-2-2. 一元機構制（会計監査プラス型）（図表 2-4）

同じく一元機構制を採用する国でも会計監査だけは職業監査人に監査させる場合が多い。これを一元機構制プラス会計監査型と称することにする。この型の代表はイギリスであり、すべての株式会社に職業会計士監査を要求するのである。ただ、イギリス以外の一元機構採用国では、大会社にのみ職業監査人監

47　各国会社機構の比較については、山浦［1994a; b］、奥島［1992b］を参考にした。

図表 2-4　一元機構制（会計監査プラス型）

採用国：イギリス、フランス、スペイン、アイルランド、
カナダ、オーストラリア、ニュージーランド、
香港、シンガポールなど

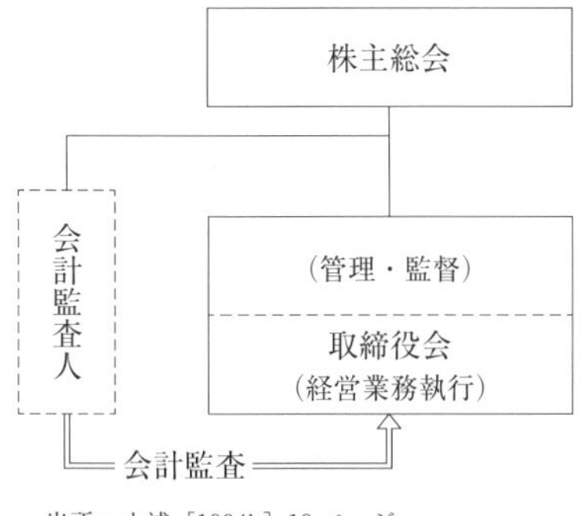

出所：山浦［1994b］19ページ。

査を要求する場合が多い。

4-2-3. 二元機構制（図表 2-5）

二元機構制を採用する国の代表はドイツであり、取締役を監督する監査役会の設置が大会社や公開会社に強制される（ドイツでも比較的小規模な会社は一元機構制が適用されるので、正確にはドイツは一元機構・二元機構併用制というのが正しい）。また、EC諸国の中には、本来は一元機構であったのに、EC諸国間の会社法の調和化のために選択的に二元機構の採用を認める国もある（フランス、ポルトガル）。

4-2-4. 折衷型並列機構制（図表 2-6）

一元機構制と二元機構制の中間型として折衷型機構制とでも呼ぶべき型がある。これは、一般的には取締役会と並列的に監査役会を設置する型であり、わが国はこの型に該当する。折衷型並列機構制は、外見的には一元機構制と二元機構制の長所を融合させた理想的な形にみえる。すなわち、一元機構ほどには取締役を自由勝手にはさせず、二元機構ほどには取締役の行動を束縛しない。

これに、職業会計士監査を義務付けることによって万全の体制が整うかのようである。

図表 2-5　二元機構制

採用国：ドイツ、デンマーク、オランダ、
　　　　ノルウェー、フランス（選択）、ポルトガル（選択）

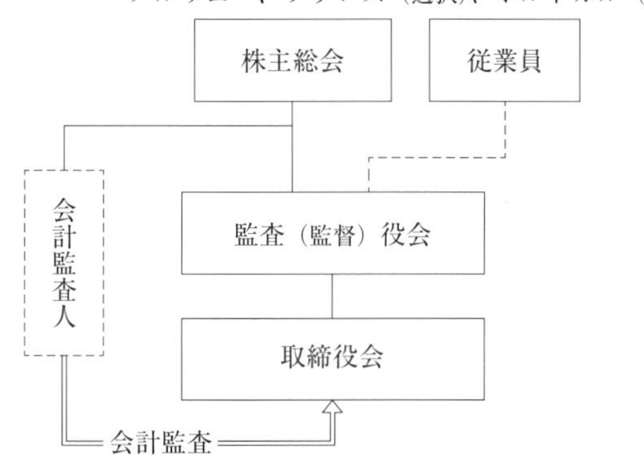

出所：山浦［1994b］20 ページ。
（注）なお、二元機構制を採用する国では、会計監査に関して職業監査人の監査を義務付けている。

図表 2-6　折衷型並列機構制

採用国：日本、イタリア、ベルギー
　　　　ギリシャ、スイスなど

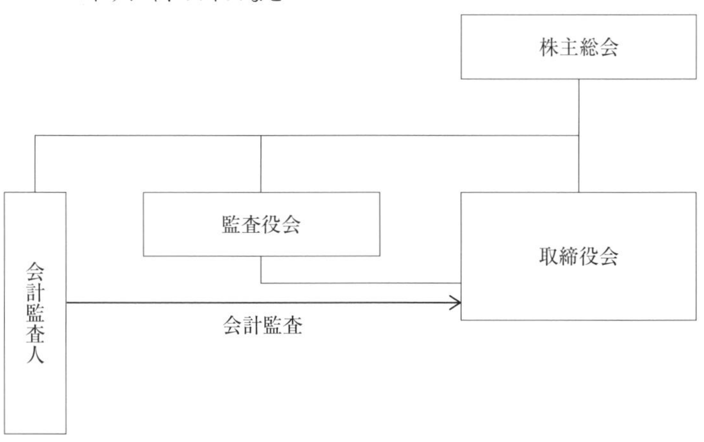

出所：山浦［1994b］21 ページ。

4-3. わが国の会社機構の課題

前述のように、折衷型並列機構制は、外見的には一元機構制と二元機構制の長所を融合させた理想的な形にみえるが、わが国の実態は課題が多い。

まず、基本的な問題は折衷型機構制としたところにある。すなわち、一元制を採用する国といえども会社の自治によって、あるいは法律によって事実上の二元機構制へと接近してきているし、二元機構制を採用する国は取締役会の上位機構たる監査役会が、強力な監督を行っている[48]。これに対してわが国では取締役会と監査役会を横並びの並列制とした。これによって取締役会は、監査役の存在を理由に、自らの経営監督責任を監査役にも負担させることによって責任の稀薄化を図り、他方で監査役の監査は取締役会の持つ業務監査権限と競合するため中途半端なものとならざるを得ないという結果をもたらしている。

1993年の商法（商法特例法）改正によって、監査役任期の伸長、員数の増加、社外監査役制度の導入や監査役会の設置が実現し監査役の独立性が増強されたが、現行の折衷型並列機構制を前提にして手直ししても監査役機能の飛躍的な向上は期待できないのではないか。すなわち、取締役も監査役も、実質的には経営者が選任しているという現状にあっては、小手先の改正では経営者の監督という点で、なかなか期待した効果が現れないと考えるからである[49]。

奥島［1992b］(141ページ）は「監査の実効性を高めるためには、一元制機関の場合には、取締役会の構成における社外取締役の比率を引き上げればよく、また、二元制機関の場合には、監査役会の構成における少数派株主代表監査役の

48　奥島［1992b］22-23ページ。

49　山下［1993］171ページも「周知のように、わが国の株式会社の一般的な実情としては、取締役会の構成員たる取締役は、従業員の中から社長により抜擢されるものとなっている。しかも、取締役就任後も業務担当役員として社長の指揮下におかれることが多く、これでは、取締役会による代表取締役の業務執行の監督が期待され得ないのは当然のことである。監査役はこのような状況下で、代表取締役の責任下にある業務執行の監査機能を担わされているのであるが、これも実際には十分機能し得ない実情にあることは前述のとおりである。」と述べている。

比率の引き上げを中心として、監査役会の多元的諸利益の調整機関化を図ることに努めることが必要である。」と述べ、山浦［1994b］(24ページ）も「会社機構を抜本的に改革してドイツ式の二元機構制にして、監査役を取締役会の上位に位置付けて監督役にするか、あるいは一元機構制にして監査役を廃止し、取締役会の中に組み入れ、取締役会の中を事実上の二元機構化するための外部取締役制を採用するかの、いずれかの改革が望ましいように考える。」と述べている。そしていずれがよりわが国に合っているかといえば、「一元機構制のような会社自治に大きく依存する制度よりは二元機構制の方が日本人の制度運用感覚に合っているのではないか。」と述べている。筆者も山浦の「会社機構を抜本的に改革してドイツ式の二元機構制にして、監査役を取締役会の上位に位置付けて監督役にする」方法を支持したい。

5. むすび

監査役は業務監査のみならず会計監査の職務権限を有するが、大会社の監査役は会計監査については職業的専門家である会計監査人の監査を信用して、会計監査以外の業務監査に重点を置いて良いと言われることがあるが、業務監査と会計監査は表裏一体であることを忘れてはならない。

監査役監査の職務権限が取締役の職務執行の適法性のみを対象にするのか、その妥当性にも及ぶのかについて筆者は、監査役監査は違法性の監査が中心であるけれども、取締役の職務執行が「著シク不当」な場合にそれを指摘するという限られた範囲で妥当性の監査にも及ぶとし、基本的には適法性監査に限られるとしながらも、一定の範囲で監査役の妥当性監査を肯定する立場を取りたい。すなわち、監査役は法令・定款違反の他「著シク不当ナル事項」があると認められる場合にも、株主総会に意見を報告し、または監査報告書に記載しなければならない（商法275条・同281条ノ3第2項8号）とされていることを考えれば、監査役監査が厳密に適法性監査に限定されると解することには無理があるとして、誰が見ても取締役の職務執行が不当と認められる場合には、法のいう「著シク不当」な場合に該当し、その限りで監査役の業務監査は、例外的に妥当性監査にも及ぶとする立場である。

わが国の監査役制度の特徴は、監査・監督機関としての機能面では取締役会と重複し、会計監査面では会計監査人と重複している点にある。監査役監査は、制度的には大幅な拡充・強化が図られてきたとはいえ、実効性については十分だとは言えない。その最大の原因は、株主総会の形骸化によって、株主総会に監査役の選任・解任権が付与されているといいながら、実際の人事権が、監査対象となる取締役会ひいては社長に掌握されていることにある。さらに、実際の運営上も、監査役は社内監査役が大部分であって、代表取締役等の取締役会構成員に対しては上司意識や仲間意識に支配されるため、監督機関としての中立性、独立性を保持して機能発揮をすることは、実際上期待し難い。

そこで、会社機構を抜本的に改革してドイツ式の二元機構制とし監査役会を取締役会の上位に位置付けて取締役会の監督に当らせるのが望ましいと筆者は考える。

【参考文献】

荒谷裕子［1994］「監査役の業務監査権限と代表訴訟」森淳二朗（編）『企業監査とリスク管理の法構造』法律文化社。
安藤英義［1985］『商法会計制度論』国元書房。
石山卓磨・上村達男（編）［1992］『公開会社と閉鎖会社の法理』商事法務研究会。
大隅健一郎・今井宏［1992］『会社法論（中巻）第三版』有斐閣。
鴻常夫（他）（編）［1986］『演習商法（会社）中巻』青林書院。
奥島孝康［1992a］「株式会社監査制度の現状と課題」『商事法務』No.1364、商事法務研究会。
——［1992b］「株式会社監査の倫理と論理」石山卓磨・上村達男（編）『公開会社と閉鎖会社の法理』商事法務研究会。
片木晴彦［1991］「監査役の業務監査・会計監査」『民商法雑誌』第103巻5号。
——［1993］「監査役の適法性監査と妥当性監査」『ジュリスト増刊商法の争点Ⅰ』有斐閣。
城戸善和［1994］「監査役人事」森淳二朗（編）『企業監査とリスク管理の法構造』法律文化社。
楠元純一郎［1994］「社外監査役の役割と責任」森淳二朗（編）『企業監査とリスク管理の法構造』法律文化社。
倉澤康一郎［1979］『会社法の論理』中央経済社。
——［2007］『株式会社監査機構のあり方』慶應義塾大学出版会。
河本一郎［1995］『現代会社法（新訂第7版）』商事法務研究会。
酒巻俊雄［1992］「株式会社監査制度の現状と課題」『商事法務』No.1364、商事法務研究会。

菅原菊志［1992］『取締役・監査役論』信山社出版。
鈴木竹雄［1994］『新版会社法（全訂第五版）』弘文堂。
――・竹内昭夫［1994］『会社法（第三版）』有斐閣。
高田正淳［1979］『最新監査論』中央経済社。
竹内昭夫［1984］『会社法の理論Ⅱ』有斐閣。
――・上柳克郎（他）（編）［1987］『新版注釈会社法』「第4章株式会社第3節会社の機関」有斐閣。
龍田節［1995］『会社法（第五版）』有斐閣。
田中誠二［1994a］『全訂版会社法詳論（上巻）』勁草書房。
――［1994b］『全訂版会社法詳論（下巻）』勁草書房。
田邊宏康［1994］「監査役会の法制化と監査役の独任制」森淳二朗（編）『企業監査とリスク管理の法構造』法律文化社。
戸塚登［1986］「違法性監査論の問題点」『民商法雑誌』第95巻3号。
友杉芳正［1992］『内部監査の論理』中央経済社。
並木俊守［1983］『取締役・監査役の職務と報酬（第2版）』中央経済社。
西山芳喜［1994］「監査役監査と企業の内部統制」森淳二朗（編）『企業監査とリスク管理の法構造』法律文化社。
――［1995］『監査役制度論』中央経済社。
――［2014］『監査役とは何か』同文舘出版。
日本監査役協会［1989］「第2期経営監査研究会第4部会報告書―「監査役のあるべき姿」を求めて―」日本監査役協会。
前田庸［1995］『会社法入門（第4版）』有斐閣。
三沢一［1985］『監査の新時代』東洋経済新報社。
森淳二朗［1982］「監査役の権限」『民商法雑誌』第85巻5号。
――（編）［1994］『企業監査とリスク管理の法構造』法律文化社。
森実［1967］『近代監査の理論と制度』中央経済社。
――［1978］『監査要論』中央経済社。
安井正男［1983］『監査役監査の実務（三訂版）』中央経済社。
山浦久司［1994a］「会社機構の国際比較とわが国監査制度の問題点」中村忠（編）『財務会計と制度会計』白桃書房。
――［1994b］「わが国の会社内部モニタリング機構の国際的位置付けと監査制度の問題点」『會計』第145巻第4号、森山書店。
山下友信［1993］「監査役の機能強化の方策」『ジュリスト増刊商法の争点Ⅰ』有斐閣。

第3章

監査・監督委員会設置会社制度とコーポレート・ガバナンス
―「会社法制の見直しに関する中間試案」を基にして

1. はじめに

2008年に発生した米国大手金融機関の経営破綻に端を発した金融危機発生前後から、わが国の上場企業におけるコーポレート・ガバナンスのあり方については、投資家あるいは関係各所からの懸念を背景にさまざまな議論がなされてきた。かかる状況下、2010年2月24日に開催された法制審議会第162回会議において当時の法務大臣から法制審議会に対して、「会社法制について、会社が社会的、経済的に重要な役割を果たしていることに照らして会社を取り巻く幅広い利害関係者からの一層の信頼を確保する観点から、企業統治の在り方や親子会社に関する規律等を見直す必要があると思われるので、その要綱を示されたい。」との諮問（諮問91号）がなされ、これを受けて法制審議会に会社法制部会（以下「部会」と称する）が設置された。部会は16回の会議を開催して審議し、2011年12月7日「会社法制の見直しに関する中間試案」（以下「試案」と称する）を取りまとめ公表した。その後のパブリック・コメント手続きの結果も踏まえて議論が重ねられた結果、2012年9月に「要綱」として正式に決定されて当時の法務大臣に答申された。

本章では、「試案」の内容を提示した後、各方面から寄せられた意見を整理しながら検討を加えていきたい。検討範囲は紙幅の関係上、「試案」の内、コーポレート・ガバナンスに関する「第1部　企業統治の在り方」「第1　取締役会の監督機能」の「1. 社外取締役の選任の義務付け」、「2. 監査・監督委員会設置会社制度」、「3. 社外取締役及び社外監査役に関する規律」に限定する。

2. 監査・監督委員会設置会社制度

「試案」「第1部企業統治の在り方」の内、「第1 取締役会の監督機能」「1. 社外取締役の選任の義務付け」については第4節で検討することにして、「2. 監査・監督委員会設置会社制度」の部分について「試案」と、それに対して各方面から寄せられた意見を対比しながら整理していく。

(試案より抜粋)

2. 監査・監督委員会設置会社制度

取締役会の監督機能の充実という観点から、自ら業務執行をしない社外取締役を複数置くことで業務執行と監督の分離を図りつつ、そのような社外取締役が、監査を担うとともに、経営者の選定・解職等の決定への関与を通じて監督機能を果たすものとするための制度として、次のような機関設計(後述)を新たに認めるものとする。

上記の部分については東証、経団連、日監協、日取協などが賛成している。例えば東証は「監査・監督委員会は、監査委員会の機能に加えて報酬委員会及び指名委員会の機能の一部を担い、しかも複数の社外取締役によって構成されるので、社外取締役の選任が義務付けられていない現行の監査役会設置会社と比べ、より実効性の高い監督がなされることが期待される。監査・監督委員会設置会社には2名の社外取締役が必要なので、社外取締役の不要な監査役会設置会社から移行する会社が増えれば、社外取締役の増加が期待できる(東証[2012] 1ページ)。」としている。

その一方で、同友会と日弁連が、制度の創設自体に次のように反対している。

まず同友会は、「監査の面においても監督の面においても、既存の二制度と比べて新制度の企業統治水準が同等になるのか、甚だ疑問が残る。委員会設置会社の場合、『指名委員会』『報酬委員会』の存在があって、執行と監督の分離が貫徹されることが制度の核心と言え、『監査委員会』しかないような設計では、執行と監督の分離が徹底せず、企業統治水準が低下・後退する可能性が拭えない（同友会［2012］3ページ）。」としている。

日弁連は、現在の案には反対するが、以下の条件をいずれも充足する等、企業統治の水準が監査役会設置会社と同等以上になるような具体的制度設計がなされる場合には、賛成する余地があるとしている。その条件として列挙しているのは、①常勤の監査・監督委員の選定を要するものとすること。②常勤の監査・監督委員の選任及び解任は、株主総会の決議によるものとすること。③監査・監督委員となる社外取締役の要件には、株式会社の取締役等の親族関係者、株式会社の重要な取引先の関係者のいずれでもないことを追加すること。④取締役会が、取締役に決定を委任することが可能な業務執行の決議事項の範囲は、現行の監査役会設置会社と同一とすることの4つである（日弁連［2012］5ページ）。

（試案より抜粋）

(1)　監査・監督委員会の設置

①株式会社は、定款の定めによって、監査・監督委員会を置くことができるものとする（監査・監督委員会を置く株式会社を、以下「監査・監督委員会設置会社」という。）。

②監査・監督委員会設置会社には、取締役会を置かなければならないものとする。

③監査・監督委員会設置会社には、監査役並びに指名委員会、監査委員会、及び報酬委員会を置かないものとする。

④監査・監督委員会設置会社には、会計監査人を置かなければならないものとする。

⑤監査・監督委員会設置会社には、執行役を置かないものとし、会社法

第363条第1項各号に掲げる取締役が監査・監督委員会設置会社の業務を執行するものとする。

⑥監査・監督委員会の委員（以下「監査・監督委員」という。）でない取締役が、監査・監督委員会設置会社の支配人その他の使用人を兼ねることは、禁止しないものとする。

上記の部分については、「試案」に対する異論はあまり見られなかった。

（試案より抜粋）

(2)　監査・監督委員会の構成・権限等

①監査・監督委員会は、委員3人以上で組織するものとする。

②監査・監督委員は、取締役でなければならず、かつ、その過半数は、社外取締役でなければならないものとする。

③監査・監督委員は、監査・監督委員会設置会社若しくはその子会社の業務執行取締役若しくは支配人その他の使用人又は監査・監督委員会設置会社の子会社の会計参与若しくは執行役を兼ねることができないものとする。

④監査・監督委員会及び各監査・監督委員は、それぞれ、委員会設置会社の監査委員会及び各監査委員が有する権限と同様の権限を有するものとする。

⑤監査・監督委員会設置会社の取締役会は、株式会社の業務の適正を確保するために必要な体制の整備について、決定しなければならないものとする。

（注）　監査・監督委員会は、監査・監督委員の中から常勤の監査・監督委員を選定しなければならないものとするかどうかについては、なお検討する。

上記の部分について、日弁連は①から⑤までについてはいずれも賛成するとしている（日弁連［2012］9ページ）が、（注）については「委員会設置会社においては常勤の監査委員が義務付けられていないが、監査・監督委員会設置会社は、指名・報酬委員会が設置されず、執行と監督の分離が行なわれていないため、監査・監督委員である取締役の監査環境は、委員会設置会社とは異なる。（中略）監査の実効性が監査役会設置会社の監査と比較して同等以上の水準を確保するためには、常勤の監査・監督委員の選定を義務付けるべきである（日弁連［2012］11ページ）。」と述べている。

経団連は②について「監査・監督委員に占める社外取締役の割合は、半数以上とすべきである。社外役員の選任実務では、任期途中の退任リスク等も視野に入れ、余裕を持った選任が行なわれるのが通常である。社外取締役の割合を過半数とすれば、実際にはそれ以上の割合の社外取締役が選任されることとなり、制度を採用する企業への負担が大きい（経団連［2012］2ページ）。」としている。

日監協は「『常勤者の存在』及び『独任制』が重要であり、継続した検討が必要と考える（日監協［2012］3ページ）。」としている。また内監協は、「監査・監督委員会が有効に機能するために、監査・監督委員の少なくとも一人について、財務・会計に関する知見を有し、かつ／又は、財務諸表監査に関する専門的な知見を有する者が選定される必要がある（内監協［2012］3ページ）。」との意見を述べている。

⑤の（注）については、日弁連（日弁連［2012］11ページ）、日監協（日監協［2012］3-5ページ）、内監協（内監協［2012］3ページ）などが賛成している。

（試案より抜粋）

(3)　監査・監督委員会の経営者からの独立性を確保するための仕組み

①監査・監督委員である取締役は、その他の取締役とは別に、株主総会の決議によって選任するものとする。

②取締役は、監査・監督委員である取締役の選任に関する議案を株主総会に提出するには、監査・監督委員会の同意を得なければならないも

のとする。

③監査・監督委員会は、取締役に対し、監査・監督委員である取締役の選任を株主総会の目的とすること又は監査・監督委員である取締役の選任に関する議案を株主総会に提出することを請求することができるものとする。

④監査・監督委員である取締役の解任は、株主総会の特別決議によるものとする。

⑤各監査・監督委員は、株主総会において、監査・監督委員である取締役の選任若しくは解任又は辞任について意見を述べることができるものとする。

⑥監査・監督委員である取締役を辞任した者は、辞任後最初に招集される株主総会に出席して、辞任した旨及びその理由を述べることができるものとする。

⑦監査・監督委員である取締役の任期は、選任後２年以内に終了する事業年度のうち最終のものに関する定時株主総会終結の時までとし、その他の取締役の任期は、選任後１年以内に終了する事業年度のうち最終のものに関する定時株主総会の終結の時までとするものとする。

⑧監査・監督委員である取締役の報酬等は、その他の取締役の報酬等とは別に、定款又は株主総会の決議によって定めるものとし、監査・監督委員である取締役の個人別の報酬等について定款の定め又は株主総会の決議がないときは、当該報酬等は、定款又は株主総会の決議によって定められた報酬等の総額の範囲内において、監査・監督委員である取締役の協議によって定めるものとする。また、各監査・監督委員は、株主総会において、監査・監督委員である取締役の報酬等について意見を述べることができるものとする。

上記の部分について、日弁連は①から⑧までのいずれにも賛成するとしている（日弁連［2012］12ページ）。その他の意見として、①について、「監査・監督委員に占める社外取締役の割合が半数以上となるのであれば、株主総会の決議による選任は妥当と考える。但し、期中に欠員が生じた場合に、実務に負担とならないような手当てが求められる（経団連［2012］２ページ）。」という意見があり、⑦では「監査・監督委員である取締役の任期は、監査役と同じ４年とすべきである（個人）。」との意見も述べられている。

（試案より抜粋）

（4）　監査・監督委員会設置会社の取締役会における業務執行の決定

監査・監督委員会設置会社の取締役会は、会社法第362条第４項の規定にかかわらず、その決議によって、次に掲げる事項の決定を取締役に委任することができるものとする。

①重要な財産の処分及び譲受け

②多額の借財

（注１）上記のほか、監査・監督委員会設置会社の取締役会の決議によって、支配人その他の重要な使用人の選任及び解任、支店その他の重要な組織の設置、変更及び廃止並びに社債を引き受ける者の募集に関する重要な事項の決定も取締役に委任することができるものとするかどうかについては、なお検討する。

（注２）上記以外の重要な業務執行に関して、例えば、次のア又はイのような要件を満たす場合に、取締役会の決議によって、その決定を取締役に委任することができるものとするかどうかについては、なお検討する。

ア　監査・監督委員会設置会社の取締役の過半数が社外取締役であること。

イ　上記以外の重要な業務執行につき、取締役会の決議によって、その決定を取締役に委任することができる旨の定款の定めがあること。

上記の部分については、東弁（東弁［2012］13ページ）などが賛成している（但し（注2）イについて東弁は反対）が、日弁連は、「監査・監督委員会設置会社では、指名委員会、報酬委員会が設置されず、執行と監督の分離がなされておらず、委員会設置会社と比較して取締役会の監督機能が後退していることから、取締役会が取締役に決定を委任することが可能な事項の範囲については、委員会設置会社と同等のものとすることは妥当ではなく、監査役会設置会社と同一とすることが妥当である。しかし監査・監督委員会設置会社においても、取締役の過半数が社外取締役となった場合には、委員会設置会社において委員会を通して擬似的に確保されている『執行と監督の分離』が実現し、取締役の監督機能が強化されることから、委員会設置会社において執行役に委任可能とされている事項と同じ事項を取締役に委任可能とすることを検討するべきである。これに対し監査・監督委員会設置会社において、取締役の過半数が社外取締役とならない場合には、『執行と監督の分離』が確保されていない以上、定款の定めによっても、取締役に対する委任可能な事項を委員会設置会社における執行役に委任可能な範囲と同等にまで拡大することは適切ではない（日弁連［2012］14ページ）。」との意見を述べている。

3. 社外取締役及び社外監査役に関する規律

「3　社外取締役及び社外監査役に関する規律」は、新設の監査・監督委員会設置会社ではない、従来の会社に対する規律であるが、監査・監督委員会設置会社においても社外取締役が、「試案」「2　監査・監督委員会設置会社」(2) ②において規定されていることから、検討する必要がある。以下、「3　社外取締役及び社外監査役に関する規律」に関して「試案」とそれに対して寄せられた意見を対比しながら整理していく。

（「試案」より抜粋）

3. 社外取締役及び社外監査役に関する規律

(1)　社外取締役等の要件における親会社の関係者等の取扱い

【A案】①社外取締役の要件（会社法第2条第15号）を次のとおり見直すものとする。

ア　社外取締役の要件に、株式会社の親会社の取締役若しくは執行役又は支配人その他の使用人でないものであることを追加するものとする。

イ　社外取締役の要件に、株式会社の取締役若しくは執行役又は支配人その他の使用人の配偶者又は2親等内の血族若しくは姻族でないものであることを追加するものとする。

②社外監査役の要件（会社法第2条第16号）を次のとおり見直すものとする。

ア　社外監査役の要件に、株式会社の親会社の取締役、監査役若しくは執行役又は支配人その他の使用人でないものであることを追加するものとする。

イ　社外監査役の要件に、株式会社の取締役又は支配人その他の使用人の配偶者又は2親等以内の血族若しくは姻族でないものであることを追加するものとする。

（注1）社外取締役及び社外監査役の要件における、株式会社の親会社の子会社の関係者の取扱いについては、なお検討する。

（注2）社外取締役及び社外監査役の要件に、株式会社の重要な取引先の関係者でない者であることを追加するものとするかどうかについては、なお検討する。

【B案】現行法の規律を見直さないものとする。

上記の部分について、日弁連は、「社外取締役についても社外監査役についても【A案】に賛成する。さらに社外取締役の中に法律専門家の選任を義務付けるものとすべきである。社外監査役についても、1名以上の法律専門家の選任を義務付けるものとする。ただし義務付けまでは一定の経過期間を設ける必要がある。(注 1) についても積極的に検討すべきであるし、(注 2) にあるとおり、社外取締役及び社外監査役の要件に、株式会社の重要な取引先の関係者でない者であることを追加するものとすべきである（日弁連［2012］15ページ)。」としている。

この他にも、一弁は、「経営者が影響を及ぼすことができる者だけでなく、経営者に影響を及ぼすことができる立場にある者も、社外取締役から除外されるべきである（一弁［2012］11ページ)。」と述べ、東証も「親会社を含む支配株主の関係者や代表取締役を頂点とする役員・従業員の親族関係者は、外形的な公平性に欠け、株主共同の利益を代弁しているとの信頼が得られない。重要な取引先関係者も同様であり、これを除外しないことはグローバルスタンダードにも反するので、除外する必要がある（東証［2012］1ページ)。」などと【A 案】に賛成している。上記団体以外にも日取協など多くの団体が【A 案】に賛成している。

これに対して、経団連は次の理由を掲げて反対している。すなわち、【A 案】①ア、②アについては、「親会社関係者は、企業価値向上のインセンティブを共有しており当該企業の業務内容等についての知識や経験を持つことから、社外取締役等としての実効性を積極的に評価すべきである(経団連［2012］3ページ)。」としている。また【A 案】①イ、②イについては、「使用人の近親者も社外取締役等から除外されることになれば、使用人の変動に伴い、社外取締役等に該当するか否かも変動することになり、例えば、近親者の就職を知らずに出席した取締役会決議に瑕疵が生ずるなど、法的に極めて不安定な状況に陥ることになる。さらに、社員の近親者が社外取締役等を務める企業との組織再編や自身の近親者が社外取締役等を務める企業への就職に関しても支障を来たす（経団連［2012］3ページ)。」としている。

日監協は、「試案の A 案によると、現行法の扱いとは異なり、親会社の社外監査役が子会社の監査役を兼務する場合には子会社監査役としては「社外」監査役と認められないこととなる。監査役は非執行役員であり、執行からは完全に独立していることを考えると、親会社の社外監査役を子会社の社外監査役として認めない理由はない。企業統治の観点から本来歓迎すべき親会社「社外」監査役の子会社監査役兼務を妨げることにもなりかねず、親会社社外監査役が子会社の監査役を兼務する場合でも、子会社の「社外」監査役として扱われることとすべきである（日監協［2012］６ページ）。」としている。

同友会も「監査役設置会社では最低二人以上を社外監査役とすることが義務付けられており、社外監査役の要件が厳格化されると、取締役の場合以上に人材確保の面で大きな混乱をもたらす（同友会［2012］3-4ページ）。」として【A案】②に反対している。

（試案より抜粋）

(2)　社外取締役等の要件に係る対象期間の限定

(1) のA案のような見直しをすることとする場合には、社外取締役の要件について、社外取締役として就任する前の全期間ではなく、就任する前10年間における株式会社との関係（就任する前10年間株式会社又はその子会社の業務執行取締役若しくは執行役又は支配人その他の使用人となったことがないものであること。）によるものとする。（社外監査役に関する部分は割愛する）

(注) 株式会社の業務執行取締役であるものが、これを退任した後に当該株式会社の監査役に就任し、10年以上経過した後に当該株式会社の社外取締役又は社外監査役の要件を満たすこと等がないようにするため、社外取締役又は社外監査役の各要件について、所要の見直しをするものとする。

上記の部分については、東証、日弁連など多くの団体が賛成している。例えば東証は、「社外性要件に一度でも抵触したら二度と社外性を満たすことができないという現行制度は趣旨を逸脱しており、グローバルスタンダードと比較しても過度に厳格であるため、期間を限定するのが妥当である（東証［2012］２ページ）。」とし、日弁連も「社外取締役について問題が起こるのは就任前10年間の独立性が欠ける場合が多いので、10年間における独立性を問えば十分である。社外監査役についても、過去に業務執行に関与していたこと等の事実が、直ちに社外監査役としての機能を阻害するわけでなく、10年間業務と離れていれば、社外性が満たされると考えられる（日弁連［2012］17ページ）。」としている。

経団連はさらに、「社外取締役になり得る人材を広く確保する観点から、(1)のA案の見直しを行なう場合に限らず、社外取締役等の要件に係る対象期間を限定すべきである。また期間についても、就任前の5年程度、会社と関係がない者は、経営者との関係は希薄化したと言えることから、社外取締役等となることを認め、実質的に社外取締役等として経営陣に対するチェック機能を果たし得るか否かを、株主総会の役員選任議案において株主の判断に委ねることが適当である（経団連［2012］4ページ）。」と、就任前10年という対象期間を5年程度に短縮すべきであるとしている。

これに対して、二弁は、現行法どおり「就任前の全期間における会社等との関係とするべきである（二弁［2012］6ページ）。」としている。その理由は、「社外取締役は、その機能に鑑み、できるだけ経営者から中立・独立の地位にあることが望ましい。社外取締役に適任か否かについて、社外取締役就任前の職歴等が必ずしも影響を及ぼすものであるとは言えないと思われるが、一定程度の線引きは必要である。その線引きとして、会社法は、社外取締役就任前に業務執行に携わったことがないことを要求しているのであるが、就任前から遡って業務執行に携わっていた期間の長短で影響力に差が生じるとは思われない（二弁［2012］6ページ）。」としている。日監協も「社外役員について、就任前の全期間について会社等と関係がないものとする現行法の規律は特段見直す必要はないと思料する（日監協［2012］6ページ）。」として反対している。

（試案より抜粋）

(3)　取締役及び監査役の責任の一部免除

(1)のA案のような見直しをすることとする場合には、次のとおりの見直しをするものとする。

① 会社法第427条第1項に定める契約（責任限定契約）を締結することができる取締役及び監査役は、次のとおりとするものとする。

ア 取締役のうち、株式会社の業務執行取締役若しくは執行役又は支配人その他の使用人でないもの

イ 全ての監査役

② ①アの取締役に係る最低責任限度額（会社法第425条第1項）の算定に際して、職務執行の対価として受ける財産上の利益の額に乗ずべき数は、「2」とするものとする（同項第1号ハ参照）。

上記の部分について、経団連は「非業務執行役員の適切なリスク負担の観点から、(2) と同様に、(1) のA案の見直しを行なう場合に限らず、責任の一部免除ができる対象を拡大すべきである（経団連［2012］4ページ）。」とし、日弁連も「責任限定契約等の規律が会社法に導入された経緯を考察すると、実務的に広く人材を募りやすくする必要性が高いことから、職務執行の対価として、取締役等が受ける財産上の利益の一定額とする責任の限度を設けることが望ましい。ただし社外監査役については、全ての監査役をその対象とすることは、かつて業務を執行した社内出身の監査役も責任限定契約の対象となることとなり、それはモラルダウンに繋がることになるので、社内出身の監査役については除外すべきである（日弁連［2012］18ページ）。」などと、改正後の「社外性」を満たさない者は除外すべきであるとしている。

4. 社外取締役選任の義務付け

以下、「試案」「第1　取締役会の監督機能」「1　社外取締役の選任の義務付け」の部分について、「試案」とそれに対して寄せられた意見を対比しながら整理していく。

（「試案」より抜粋）

第1　取締役会の監督機能

1. 社外取締役の選任の義務付け

【A案】監査役会設置会社（公開会社であり、かつ、大会社であるものに限る。）において、一人以上の社外取締役の選任を義務付けるものとする。

【B案】金融商品取引法第24条第1項の規定により有価証券報告書を提出しなければならない株式会社において、一人以上の社外取締役の選任を義務付けるものとする。

【C案】現行法の規律を見直さないものとする。

上記の部分は、新設の「監査・監督委員会設置会社」以外の会社に対するものであるが、「監査・監督委員会設置会社」で社外取締役が強制されることにより、既存の「監査役会設置会社」、「委員会設置会社」という選択肢においても社外取締役を導入すべきではないのかとの問題意識から検討されるものであると考えられるので「監査・監督委員会設置会社」を議論するに当っても検討すべき重要な論点である。

【C案賛成意見】

まず【C案】に賛成、すなわち現行法規の見直しは不要という経団連の意見を見てみると、「経営の適正な監督を行なうことができるか否かは、社外取締役であるといった形式的な属性ではなく、個々人の資質や倫理観といった実質により決まる。また監督を行なうにあたっては、専門的な経営判断の妥当性をも見極める必要があるが、社外取締役であれば常にそうした能力を備えているとは限らない。それにもかかわらず、社外取締役の選任義務付けという形式的なルールを一律に導入することには合理性がなく、各企業の規模・業種・業態に適したガバナンス体制の構築を大きく制約する結果にしかならない。（中略）現行法の下でも、経営の監督機能も利益相反の監督機能も、取締役会及び監査役が十分に担っている。すなわち、これらの機能は、社外取締役に限らず全ての取締役に対して当然に期待され、既に果たされている。また、監査役も業務執行機関から分離された自己監査のリスクがない監査専門機関として既に十分にこれらの機能を担っている。監査役は独任制であり、取締役の善管注意義務に反する業務執行等に対する単独での差止請求権を持ち、かつ任期は４年で、解任のためには株主総会の特別決議が必要等、取締役以上に強い権限や独立性が確保されている側面もある。

仮に社外からの目線による監督が必要だとしても、監査役会に半数以上含まれ、取締役会に出席して意見を述べることが求められる社外監査役により、その機能は担われている。経営の監督のために、取締役会における議決権行使が不可欠という理由はなく、社外監査役に加えて社外取締役を一律に選任することには重複感が大きい。

以上の通り、経営者に対する適正な監督は、『社外』かつ『取締役』でなければ担うことができないとの明確な根拠はなく、社外取締役の選任を法的に義務付けることには反対である（経団連［2012］1-2ページ）。」と主張している。

同じく【C案】に賛成しているのが経済同友会であるが、その内容は経団連とは大きく異なる。すなわち、「上場企業では、社外取締役を少なくとも１名導入すべきであるし、さらには複数名導入するのが望ましいが、何らかの公的ルールで社外取締役の選任を義務付けるのであれば、株式市場の上場規則で検討するのが妥当であろう（同友会［2012］２ページ）。」と社外取締役の導入に賛成しているのである。そしてその規制は会社法ではなく株式市場の上場規則で検討するのが妥当であろうとするのである。

その理由付けを見てみると、「社外取締役導入の目的には、業務執行取締役の説明責任の向上、助言機能、利益相反のチェック、コンプライアンスの確保、業務執行に対する監督等があり、中でも重要な役割は、業務執行権限のある取締役の業務執行に対する監督である。この監督機能の発揮においては必ずしも業務に精通していることを必要とせず、ビジネス的見地、社会的見地、国際的見地など社外取締役が有する総合的な経験と見識からの監督が期待される。もちろん、取締役会の意思決定の客観性・透明性を確保する意味でも社外取締役は有効である。よって、株式市場で広く投資家から資金を集める上場企業では、社外取締役を少なくとも1名導入すべきであるし、さらには複数名導入することが望ましい。但し、社外取締役を、『会社法』で強制すべきかどうかは慎重に考える必要がある。会社法で一定人数・比率の社外取締役を義務付けると、たまたまその要件を欠くことになったら、取締役会決議全般の効力に波及的に法的疑義が生じてしまう。規制対象を『公開会社かつ大会社』に限ったとしても必ずしも上場企業と一致する訳ではないし、『有価証券報告書提出義務会社』という金商法上の概念をわざわざ会社法に持ち込むことにも違和感がある。よって会社法で、監査役会設置会社に社外取締役の選任を義務付けるべきではない。もし今後、何らかの公的ルールで社外取締役の選任を義務付けるのであれば、やはり株式市場の上場規則で検討するのが妥当であろう。変化の激しい時代には、柔軟性に欠ける『法律』による規制は最小限とすることが望ましい（同友会［2012］2ページ）。」としている。

【A案賛成意見】

東弁は、「社外取締役の選任義務化の範囲については、企業統治の影響が社会的に大きいと考えられる会社とすべきであり、定時株主総会の基準日において株主2000人以上かつ総資産100億円以上の会社とすることが考えられる（東弁［2012］1ページ）。」としている。その理由としては、「上場企業である監査役会設置会社においても、代表取締役である経営者トップが主導した法令違反行為が立て続けに発覚しており、その企業統治の強化が必要である。企業に投資する投資家の評価に資することを考えれば、上場企業を対象とすることが考えられる。しかし、本来金融商品取引所がその市場運営業務として決定する上場基準を会社法が定める結果となることが適切かという問題がある。次に、金融商品取引法第24条第1項の規定により有価証券報告書を提出しなければならない会社に限定する方法も考えられる。しかし、有価証券報告書を提出していることは、決算公告義務免除の根拠とはなりうるが（会社法第440条4項）、継続的なガバナンス体制の基準とするに適するかどうかは疑問が残るところである。『公開大会社』以外の基準としては、資産額、資本額又は負債額、株主数等が考えられるが、決算日現在において株主数2000人以上かつ総資産100億円以上の株式会社とすることが考えられる。これは、米国ALIのコーポレート・ガバナンス原則における「大公開会社」の基準を参考にしたものであり平成23年3月末現在の東証一部上場企業の95%に相当する（東弁［2012］1-4ページ）。」として【A案】に賛成している。

【B案賛成意見】

東証は、「東証上場会社の97%以上は社外取締役の不要な監査役会設置会社であり、そうした会社に社外取締役の選任を義務付ければ、全ての上場会社において取締役会における議決権及び経営の妥当性に及ぶ監督権限を通じた実効性の高い監督がなされるようになることが期待される。義務付けの対象を有価証券報告書提出会社とすることで、全ての上場会社及び現に多数の株主及び投資家が存在する非上場会社のみに影響を限定することが可能になり、必要な範囲を過不足なくカバーすることができる（東証［2012］1ページ）。」としている。

日監協も「社外取締役の選任により、企業内のみの論理から離れた客観的な意見が経営に反映されることは、我が国の企業統治について問題指摘されてきた執行と監督の分離の不徹底さを改善し、取締役会による経営監督機能の強化と透明性向上に寄与するものである。義務付けの対象会社としては、海外を含めた投資家からの要請が強いことを勘案すると、資本市場から資金を調達し、不特定多数の株主が存在する有価証券報告書提出会社に限定することが妥当である（日監協［2012］2ページ）。」としている。

日弁連も、日監協と同様の理由で【B案】に賛成している（日弁連［2012］1-5ページ）。

5. むすび

以上、整理してきたことを踏まえながら、私見を論述する。

第1に、監査・監督委員会設置会社は、委員会設置会社における「指名委員会」、「報酬委員会」に相当するものがなく、「監査委員会」に相当する「監査・監督委員会」のみの制度設計になっている。これでは執行と監督の分離が徹底せず、企業統治水準が低下・後退する可能性があると言える。ただ、「試案」では、監査・監督委員会設置会社には2名の社外取締役を要求しているため、社外取締役の不要な現行監査役会設置会社から監査・監督委員会設置会社へ移行する会社が増えれば、社外取締役の増加が期待できると言え、ひいては執行と監督の分離の促進に資することになるため、監査・監督委員会設置会社の新設に賛成する。

第2に、監査・監督委員会には、監査役会設置会社における監査役と同様、「常勤者の存在」と「独任制」が求められよう。非常勤者では経営監督上、監査・監督業務に十分な時間を割くことができないため、業務の相当部分を担当する「常勤者の存在」が必須であると考えるからである。また、「独任制」については、業務財産調査権、取締役・使用人に対する報告請求権、子会社調査権、取締役に対する訴訟提起権等について独任制を採用することによって、不祥事の予防や差止め請求権の早期かつ適切な行使に繋がると考えられるからである。

第3に、取締役の独立性を担保するためには、社外取締役及び社外監査役の要件に、親会社の関係者でないものを追加すること、及び経営者の近親者でないものであることを追加すべきである。また「試案」注記にある「重要な取引先の関係者」についても社外取締役の対象から外すべきであろう。

第4に、社外取締役の要件に係る対象期間の限定については、社外取締役について問題が起こるのは就任前10年間の独立性が欠ける場合が多いので10年間における独立性を問えば十分である、との意見がありこれに賛成する団体が多いが、人間の義理人情は10年間では廃れないことを慮るに、従前どおり「社外取締役として就任する前の全期間」の独立性を問う必要があると考える。

第5に、取締役及び監査役責任の一部免除については、会社法の責任限定契約条項の立法趣旨は、社外取締役、社外監査役の過大な責任負担を軽減し、人材の確保を容易にすることであるので、適用範囲を広げることなく、従前どおり「社外」者に限定すべきであると考える。

第6に、「試案」の監査・監督委員会設置会社及び従前の監査役会設置会社における社外取締役の人数は、取締役の過半数とすべきである。「試案」では、監査役会設置会社においては、社外取締役は「1人以上」と提案しているが、それでは飾りに過ぎず、取締役会において社外取締役は孤立し、経営者に対する監督機能を発揮できないというべきである。

第7に、従前の監査役会設置会社において社外取締役の選任を強制すべき株式会社の範囲については、資本市場から資金を調達し不特定多数の株主が存在する有価証券報告書提出会社に限定することが適当であると考える。なぜなら、監査役会設置会社に限定すれば、不特定多数の株主を抱えながらも会社法上の大会社の要件を満たさない株式会社がその対象から外れてしまうからである。

監査・監督委員会設置会社制度において重要なのは独立性を有する社外取締役の存在である。「試案」は、監査・監督委員会設置会社に2名の社外取締役を強制するため、社外取締役が任意である現行監査役会設置会社から移行する会社が増えれば、社外取締役の増加が期待できる。しかし経営監督という観点からすれば、「社外」というだけでは十分ではなく、経営者に対する独立性を保持した社外取締役が求められる。経営者の行為を、独立した立場から監督できる取締役が必要なのである。そのためには外観的（形式的）独立性のみならず実質的独立性が重要である。

「社外」に独立性を期待する立場からは、試案が提案している「社外」要件は、一歩前進しており歓迎すべきものではあるが、それでも十分とはいえない。法令遵守のために、あるいは会計不正防止のために法律や会計の専門家が必要だからと弁護士や会計士を社外取締役として選任してもそれは外観的（形式的）

独立性を満たすだけで、それがそのまま実質的独立性を満たすとは限らないことを忘れてはならない。なぜなら、例えば、会社経営陣の社交友達は「試案」提案の形式的独立性は満たすことはあっても、実質的独立性を伴っていないため経営者の行為の監督は十分に行えないおそれがあるからである。代表取締役と社長、あるいは代表取締役と執行役の兼務を禁止し、業務執行と経営監督の分離を促進していく必要性を述べたが、昨今のわが国上場企業における経営者の不祥事を見るにつけ、一層その思いを強くしている。

Asian Corporate Governance Association（ACGA）は「独立取締役の定義」を公表している。社外取締役は、そこで提示されている要件を満たすべきである。

【参考文献】

Asian Corporate Governance Association（ACGA）［2009］“ACGA 日本のコーポレート・ガバナンス改革に関する意見書”。

経済同友会（同友会）［2012］「法制審議会会社法制部会『会社法制の見直しに関する中間試案』への意見」。

小森清久［2009］「グローバル化とコーポレート・ガバナンス」、野村健太郎・山本勝・石井直宏（編）『環境激変と経営・会計・情報』第4章、税務経理協会。

第一東京弁護士会（一弁）［2012］「『会社法制の見直しに関する中間試案』に対する意見」。

第二東京弁護士会（二弁）［2012］「法制審議会会社法制部会における中間試案に対する意見」。

東京証券取引所（東証）［2012］「会社法制の見直しに関する中間試案に対する東京証券取引所の意見」。

東京弁護士会（東弁）［2012］「『会社法制の見直しに関する中間試案』に対する意見書」。

日本監査役協会（日監協）［2012］「会社法制の見直しに関する中間試案に対する意見」。

日本経済団体連合会（経団連）［2012］「『会社法制の見直しに関する中間試案』に対する意見」。

日本コーポレート・ガバナンス・ネットワーク［2012］「『会社法制の見直しに関する中間試案』に対する意見」。

日本司法書士会連合会（日司連）［2012］「『会社法制の見直しに関する中間試案』に関する意見書」。

日本取締役協会（日取協）［2012］「『会社法制の見直しに関する中間試案』に対する意見」。

日本内部監査協会（内監協）［2012］「会社法制見直しに関する中間試案に係る意見書」。

日本弁護士連合会（日弁連）［2012］「会社法制の見直しに関する中間試案に対する意見」。

法務省民事局参事官室［2011a］「会社法制の見直しに関する中間試案」。

——［2011b］「会社法制の見直しに関する中間試案の補足説明」。

第4章 会社法の成立と改正による わが国のコーポレート・ガバナンス

1. 旧法下における2つの機関設計と会社法の改正

1-1. 監査役会設置会社と委員会設置会社という2つの機関設計

2002年の商法改正で「委員会等設置会社」制度が設けられたが、2005年成立の会社法は、その名称を「委員会設置会社」に変更した。取締役会と会計監査人を置く会社は、定款により委員会設置会社となることを選択することができ、そのような会社は、監査・監督の仕組みと業務執行の仕組みについて一般の会社と大きく異なるガバナンス形態を取ることになる。具体的には、(1) 取締役会の役割は、基本的事項の決定と委員会メンバー及び執行役の選任等の監督機能が中心となり、指名委員会・監査委員会・報酬委員会の3つの委員会が監査・監督というガバナンスの重要な位置を占める。そしてこの3つの各委員会につき、その過半数は社外取締役でなければならないこととされている（会社法400条)。(2) 委員会設置会社では、取締役は取締役の資格では業務執行をすることができない（旧会社法415条)。監督と執行が制度的に分離され、業務執行は執行役が担当し（会社法418条)、取締役会は、執行役の中から代表執行役を選定しなければならない（会社法420条1項)。

委員会設置会社を選択するかどうかは会社の任意であるが、会社法が従来の仕組み（監査役会設置会社）との間でこのような選択制を認めたのは、ガバナンスの仕組みとしていずれのやり方が最良かは明確ではなく、従来からの監査役会設置会社の仕組みも委員会設置会社の仕組みも、どちらも制度としての合理性があるため、その選択を各会社の判断に委ねることとしたためである。

委員会設置会社以外の大会社で公開会社である会社は、監査役会を置かなければならない（旧会社法328条1項）ことになっている。監査役会設置会社（会社法2条10号）では、監査役は3人以上で、かつ、その半数以上は、「社外監査役」でなければならない（会社法335条3項)。ここに社外監査役とは、「過去にその会社又は子会社の取締役・会計参与・執行役又は支配人その他の使用人となったことがない者」を言う（旧会社法2条16号)。

監査役は取締役の職務執行を監査する機関である（会社法381条1項前段）から、その職務と権限は会計の監査を含む会社の業務全般の監査に及ぶ。なお、数人の監査役がいる場合であっても、各自が独立して監査権限を行使する独任制の機関であることが特徴である。

前述のとおり改正前会社法の下では、会社法上の大企業かつ公開会社は、監査役会設置会社と委員会設置会社（2014年の会社法改正により名称が「指名委員会等設置会社」に変更された。）という2つの機関設計のいずれかを選択することができた。しかし、以下に述べるように前者については社外取締役の導入が進まず、後者については、そもそも委員会設置会社という機関設計を選択する会社が少なかったため、社外取締役の機能が十分に活用されていなかった。

まず監査役会設置会社では、監査役を3人以上置く必要があり、そのうち半数以上は社外監査役でなければならず（会社法335条3項)、そのため新たに社外取締役を置こうとすると少なくとも2人以上の社外監査役に加えて社外取締役を確保する必要があった。これが、重複感のみならず会社にとって大きな負担となった。当該理由により監査役会設置会社は、社外取締役を活用するという観点からは使い勝手が良くない機関設計であった。

次に委員会設置会社（現行法に言う「指名委員会等設置会社」）は、前述のとおり、いわゆるモニタリング・モデルの考え方を採用するものとして2002年の商法改正で新設された制度である（当時は「委員会等設置会社」と称した)。委員会設置会社においては、業務執行の決定と執行については執行役に委ね、取締役会と、委員の過半数が社外取締役から構成される3つの委員会（指名委員会、監査委員会、報酬委員会）が監査・監督を担当するという仕組みであり、必ず社外取締役の選任が必要となるため、社外取締役の活用を期待しうる制度であった。ところがこの制度では取締役の人事と報酬という経営者にとって最も重大な関心事について、それぞれ指名委員会と報酬委員会が権限を握ることになるため、次期の社長（CEO）指名と役員報酬金額の決定を、社外から招聘した取締役に委ねることへの抵抗感が強く、結果としてあまり採用されてこなかった[1]。

1-2. 会社法の改正

このように上場企業では、従来の2つの機関設計において社外取締役が十分に活用されていなかったため、2014年の改正により社外取締役の機能を活用しやすくし、業務執行者に対する監督機能を強化させる第3の機関設計として「監査等委員会設置会社」が新設された。

したがって上場企業は、会社法が規定する機関設計のうち主要な3種類（監査役会設置会社、指名委員会等設置会社、監査等委員会設置会社）のいずれかを選択することとされた（会社法326条2項）。

監査役会設置会社は、取締役会と監査役・監査役会に統治機能を担わせる、従来からのわが国独自の制度である。その制度では、監査役が取締役・経営陣の職務執行の監査を行う（会社法381条1項）。また、独立性と高度な情報収集能力の双方を確保するため監査役の半数以上は社外監査役とし（会社法335条3項）、かつ常勤の監査役を置くこととされており（会社法390条3項）、法律に基づく調査権限が与えられている（会社法381条2項・3項）。

後者の2つは、取締役会に委員会を設置して一定の役割を担わせることにより、監督機能の強化を目指すものであるという点において諸外国にも例が見ら

1　全上場企業数3,617社（2018年5月現在、東京証券取引所調べ）のうち委員会設置会社（現行法に言う「指名委員会等設置会社」）は、2003年の導入時が44社だったのが2017年12月で73社とあまり増えていない。http://www.jacd.jp/news/gov/jacd_iinkaisecchi.pdf.

れる制度である。

2. 監査等委員会設置会社の新設

新設された監査等委員会設置会社は、自ら業務執行を行わない社外取締役を複数置くことで業務執行と監督とを分離し、社外取締役が実効的な監査を行うことを可能にするとともに、経営者の選定・解職等の決定に関し取締役会における議決権行使を通じて監督機能を果たすことにより、取締役に対する監査・監督機能の充実を図ることを目的としている。

監査等委員会設置会社は、監査役が存在しない一方、監査等委員会が取締役会に置かれ、監査等委員の過半数は社外取締役でなければならない（会社法 331 条 6 項）。そして監査等委員会設置会社になることにより監査役会設置会社における監査役・監査役会の役割（監査）のすべてと取締役会の役割（監督）の一部を監査等委員会に一元化することができる（会社法 399 条の 2、399 条の 3）。他方、一定の条件（取締役会の過半数が社外取締役である場合または定款で定めた場合）の下で業務の決定権限を取締役会から取締役に大幅に委譲することが認められ（399 条の 13、5 項）、それによって執行と監督を分離することが可能になる。

監査「等」委員会という名称が付された理由は、監査等委員会は、指名委員会等設置会社の監査委員会が有する監査機能に加えて、監査等委員でない取締役の人事に関する株主総会における意見陳述権を有するとされている点、および監査等委員でない取締役の利益相反取引につき監査等委員会の事前の承認を受けたときは取締役の任務懈怠を推定する規定は適用しないとされている点において、一定の監督機能をも担っていると言えるからである。他方で監査等委員会は、取締役会のように代表取締役等の解職権限を含む取締役の職務執行に対する全般的な監督機能まで有するわけではないことから、第 3 章で詳述した「試案」では「監査・監督委員会」とされていたものを、法案の段階で「監査等委員会」に名称変更したという経緯がある。

3. 監査役会設置会社・指名委員会等設置会社との違い

監査等委員会設置会社では、監査等委員会及びその構成員である監査等委員が監査を担うことから、指名委員会等設置会社と同様、監査役は置かないものとされている（会社法327条4項）。また監査役会設置会社と同様に指名委員会と報酬委員会を置かないものとされる。このように、監査等委員会設置会社は、監査役会設置会社と指名委員会等設置会社との中間的な機関設計として位置づけることができる。

ただし、監査等委員会設置会社は、指名委員会等設置会社と同様に、いわゆる内部統制システムを利用した組織的監査を行うことが想定されていることから、基本的に監査等委員会の構成・権限・運営等に関しては、指名委員会等設置会社の監査委員会にかかる規定と同様の規定が設けられ（会社法399条の8～399条の12）、取締役会の権限については、原則として大会社で監査役会設置会社である会社における取締役会の権限と同様である（会社法399条の13第1項-4項）。

また監査等委員会設置会社においては、過半数が社外取締役で構成される指名委員会や報酬委員会が置かれず、取締役会の経営者からの独立性という点では指名委員会等設置会社と比較して十分ではないので、監査等委員の人事・報酬面に関しては監査役にかかる規定と同様の規定が設けられている（会社法329条2項、331条4項・6項、332条、361条）。

4. 社外取締役要件の厳格化

2014年の会社法改正では第2条15号において、社外取締役とは株式会社の取締役であって次の要件のいずれにも該当する者を言うと規定している。

（イ）　当該株式会社またはその子会社の業務執行取締役・執行役・支配人その他の使用人でなく、かつ、その就任の前10年間当該株式会社またはその子会社の業務執行取締役等であったことがないこと。

（ロ） その就任の前 10 年内のいずれかの時において、当該株式会社またはその子会社の取締役・会計参与・監査役であったことがある者にあっては、当該取締役・会計参与・監査役への就任の前 10 年間当該株式会社またはその子会社の業務執行取締役等であったことがない者。

（ハ） 当該株式会社の親会社等または親会社等の取締役・執行役・支配人その他の使用人でないこと。

（ニ） 当該株式会社の親会社等の子会社等の業務執行取締役等でないこと。

（ホ） 当該株式会社の取締役・支配人その他の重要な使用人または親会社等の配偶者・二親等内の親族でないこと。

すなわち社外取締役要件に関し、以下の 3 点が変更されたと言える。

(1) 親会社と兄弟会社における役職兼任に関する現在要件が追加された。

(2) 近親者に関する現在要件が追加された。

(3) 雇用等関係の不存在に関する過去要件については、原則として直近 10 年間に限定された。

このうち (1) と (2) は、社外取締役要件に関し厳格化する方向での変更であるが、(3) については、要件を緩和する方向の変更になっている。すなわち、現在要件に関しては厳格化する一方で、過去要件に関しては緩和することにより、社外取締役の人選の範囲が狭くなりすぎないよう一定のバランスを図ったものになっている。

5. 東京証券取引所の対応

東京証券取引所は、上場企業のコーポレート・ガバナンスの向上に向けた環境整備の一環として、「上場会社は一般株主保護のため、取締役である独立役員

（一般株主と利益相反が生じるおそれのない社外取締役または社外監査役をいう）を少なくとも1名以上確保するよう努めなければならない。」とすることを同取引所が上場会社に対して定める「企業行動規範」の「遵守すべき事項」として規定し、かつ、独立役員に関して記載した「独立役員届出書」を同取引所へ提出することを求め（東証有価証券上場規程436の2）、また、上場会社が自らのコーポレート・ガバナンス体制を選択する理由と独立役員の確保の状況をコーポレート・ガバナンス報告書において開示することを求めている（東証有価証券上場規程施行規則第211条6項2、5号、226条6項2、5号）。

そして2015年のさらなる改正により、上場会社は独立社外取締役を2名以上選任すべき[2]とする「コーポレートガバナンス・コード」が定められ同年6月から施行されている（2018年6月改正）。

6.「監査役会設置会社」における取締役会による監督と監査役監査

6-1. 取締役会による牽制と監督

取締役会の行う職務として、(1) 業務執行の決定、(2) 取締役の職務執行の監督、並びに (3) 代表取締役の選定及び解職を定めている（会社法362条2項）。このうち (2) の取締役の職務執行の監督は、業務執行の適正さを確保するための業務執行者に対する抑制作用として重要である。取締役の職務執行の監督の結果、業務執行者の不適切な行為を発見したとしても何の対応も取ることができないのでは取締役会による監督権の意義は失われる。そこで取締役会としては、当該業務執行者の解職や株主総会を招集して解任決議を諮るといった是正措置を取ることができるようにしているのである。また、(3) 取締役会は、取締役の中から代表取締役を選定する権限と代表取締役を解職する権限を有して

[2] 2018年7月に東京証券取引所が公表した「東証上場会社における独立社外取締役の選任状況」によれば、第1部上場企業の91.3%の企業が独立社外取締役を2名以上選任している。https://www.jpx.co.jp/news/1020/nlsgeu000003931r-att/nlsgeu000003934o.pdf.

いる。代表取締役は、体内的な業務執行権に加え、対外的業務執行権というべき会社の代表権を有する者である。そこで取締役会としては、この代表取締役を選定・解職する権限により直接その人事をコントロールすることで、その対内的・対外的な業務執行に対する牽制を図っているのである。

また、代表取締役や業務執行取締役は、リスク管理のために内部統制システムを構築し、各取締役は当該内部統制システムに基づき個々の取締役の職務執行を監督（監視）する義務を負っている。大会社においては、取締役の職務の執行が法令・定款に適合することを確保するための体制その他会社の業務並びに当該株式会社及びその子会社からなる企業集団の業務の適正を確保するための体制の整備、すなわち内部統制システムの整備に関する事項を決議しなければならない（会社法362条4項6号、5項、施行規則100条1項、3項）。このように取締役会は、業務執行者による適切な業務執行を確保することを目的とする内部統制システムの構築を通じて、業務執行者への牽制作用を働かせている。

前述の社外取締役は、他の取締役、特に業務執行取締役と比べ会社内部のしがらみや上下関係、会社との利害関係を離れて、客観的・中立的な立場で行動することが期待されており、これは取締役会による牽制の実効性を担保するものであると言える。

6-2. 監査役会による監査

監査役は、取締役の職務執行を監査する機関である（会社法381条1項前段）。原則として会計監査を含めた業務監査を行う（例外は同法389条）。なお、数人の監査役がいる場合であっても、各自が独立して監査権限を行使（独任制）し、監査役会が置かれる場合であってもこの原則に変わりはない。

監査等委員会設置会社、指名委員会等設置会社以外の大会社で公開会社である会社は、監査役会を置かなければならない（同法328条1項）。監査役会設置会社では監査役は3人以上で、かつその半数以上は社外監査役でなければならない（会社法335条3項）。

監査役会は、すべての監査役で組織し、次の業務を行う（同法390条1項、2

項)。(1) 監査報告の作成、(2) 常勤の監査役の選定及び解職、(3) 監査の方針、監査役会設置会社の業務及び財産の状況の調査の方法その他の監査役の職務の執行に関する事項の決定。なお、(3) の決定は、個々の監査役の権限の行使を妨げることはできない(独任制)。また (2) については、監査役会は、少なくとも1人は常勤の監査役を選定しなければならない(同法390条3項)。

6-3. 社外監査役要件の厳格化

旧会社法では、社外監査役は「過去に当該株式会社又はその子会社の取締役、会計参与若しくは執行役又は支配人その他の使用人となったことがないこと。」(旧会社法2条16号) という要件を満たす監査役と規定されていた。

それが2014年の会社法改正では、社外監査役要件が次のように定められた。

「株式会社の監査役であって、次に掲げる要件のいずれにも該当するものをいう(会社法2条16号)。

（イ）　その就任の前10年間当該株式会社またはその子会社の取締役、会計参与、若しくは執行役又は支配人その他の使用人であったことがないこと。

（ロ）　その就任の前10年内のいずれかの時において当該株式会社又はその子会社の監査役であったことがある者にあっては、当該監査役への就任の前10年間当該株式会社又はその子会社の取締役、会計参与若しくは執行役又は支配人その他の使用人であったことがないこと。

（ハ）　当該株式会社の親会社等又は親会社等の取締役、監査役若しくは執行役若しくは支配人その他の使用人でないこと。

（ニ）　当該株式会社の親会社等の子会社等の業務執行取締役等でないこと。

（ホ）　当該株式会社の取締役若しくは支配人その他の重要な使用人又は親会社等の配偶者又は二親等内の親族でないこと。」

すなわち旧法下での過去要件は過去無制限にさかのぼって判断するものであったが、改正により該当する職を辞してから10年が経過していれば社外監査役となることができるようになった。しかし人間の義理人情は10年で消えることはない。旧会社法のように過去無制限にさかのぼるべきであったと筆者は考える。

7.「指名委員会等設置会社」における取締役会の監督と監査委員会による監査

「指名委員会等設置会社」は、2002年の商法改正で導入された「委員会等設置会社」の名称が、その後「委員会設置会社」に改められ、2014年の会社法改正で「指名委員会等設置会社」に改められたものである。

「指名委員会等設置会社」は、監査・監督の仕組みと業務執行の仕組みについてそれ以外の会社と大きく異なるガバナンス形態を取ることになる。具体的には、(1) 取締役会の役割は、基本的事項の決定と委員会メンバー及び執行役の選任等の監督機能が中心となり、指名委員会・監査委員会・報酬委員会の3つの委員会が監査・監督というガバナンスの重要な位置を占める。そして この3つの各委員会につき、その過半数は社外取締役でなければならないこととされている（会社法400条）。(2) 指名委員会等設置会社では、取締役は取締役の資格では業務執行をすることができない（会社法415条）。監督と執行が制度的に分離され、業務執行は執行役が担当し（会社法418条）、取締役会は、執行役の中から代表執行役を選定しなければならない（会社法420条1項）。

監査委員会は、監査役設置会社・監査役会設置会社の監査役・監査役会の権限に相当する権限を有する。

監査委員は、執行役又は取締役が不正の行為をし、若しくは当該行為をするおそれがあると認めるとき、又は法令若しくは定款に違反する事実若しくは著しく不当な事実があると認めるときは、遅滞なく、その旨を取締役会に報告しなければならない（同法406条）。また、監査委員は、執行役又は取締役が指名委員会等設置会社の目的の範囲外の行為その他法令若しくは定款に違反する行為をし、又はこれらの行為をするおそれがある場合において当該行為によって当該指名委員会等設置会社に著しい損害が生ずるおそれがあるときは、当該執行役又は取締役に対し、当該行為をやめることを請求することができる（会社法 407 条）。

8.「監査等委員会設置会社」における取締役会の監督と監査等委員会による監査

監査等委員会設置会社における取締役会は、監査役会設置会社と同様、取締役の職務の執行を監督する（会社法 399 条の 13 第１項）。

また監査等委員会設置会社は、監査等委員会を置かなければならず（会社法２条 11 の２）、他方、監査役を置くことはできない（同法 327 条４項）なお、取締役会と会計監査人を置く必要がある（同法 327 条１項、５項）。

監査等委員会は、監査等委員となる取締役として株主総会で選任された者全員で組織し（会社法 399 条の２）、監査等委員である取締役は３人以上であり、その過半数は社外取締役でなければならない（同法 331 条６項）。このように制度上２人以上の社外取締役が確保されていることにより、客観的・中立的な立場からの監督機能という社外取締役の役割が強化されている。この点は指名委員会等設置会社と同様である。

そして監査等委員会は次の職務を行う（同法 399 条の２第３項）。(1) 取締役の職務の執行の監査及び監査報告の作成、(2) 株主総会に提出する会計監査人の選任・解任、(3) 342 条の２第４項及び 361 条６項に規定する監査等委員会の意見の決定。

監査等委員会が選定する監査等委員は、いつでも取締役及び支配人その他の使用人に対し、その職務の執行に関する事項の報告を求め、または監査等委員会設置会社の業務及び財産の状況の調査をすることができるし、監査等委員会の職務を執行するため必要があるときは、監査等委員会設置会社の子会社に対して事業の報告を求め、またはその子会社の業務及び財産の状況の調査をすることができる（同法 399 条の３）。

監査等委員は、取締役が不正の行為をし、若しくは当該行為をするおそれがあると認めるとき、又は法令若しくは定款に違反する事実若しくは著しく不当な事実があると認めるときは、遅滞なく、その旨を取締役会に報告しなければならない（同法399条の4）。

監査等委員は、取締役が株主総会に提出しようとする議案、書類その他法務省令で定めるものについて法令若しくは定款に違反し、又は著しく不当な事項があると認めるときは、その旨を株主総会に報告しなければならない（同法399条の5）。

監査等委員は、取締役が監査等委員会設置会社の目的の範囲外の行為その他法令若しくは定款に違反する行為をし、又はこれらの行為をするおそれがある場合において、当該行為によって当該監査等委員会設置会社に著しい損害が生ずるおそれがあるときは、当該取締役に対し、当該行為をやめることを請求することができる（会社法399条の6）。

以上述べてきたように、監査等委員には広く調査権限が与えられており、その調査結果や取締役の不正行為等について、取締役会や株主総会への報告義務が課されている。

9. むすび

2014年の会社法改正で社外取締役要件が厳格化された。親会社と兄弟会社における役職兼任に関する現在要件が追加され、近親者に関する現在要件が追加された。また雇用等関係の不存在に関する過去要件については、原則として直近10年間に限定された。つまり社外取締役要件に関し厳格化する方向での変更とはいえ、過去要件については緩和する方向での変更になっている。すなわち、現在要件に関しては厳格化する一方で、過去要件に関しては緩和することにより、社外取締役の人選の範囲が狭くなりすぎないよう一定のバランスを図ったものになっている。しかし経営者の監督という観点からは不満が残る。

社外監査役要件も厳格化されたとはいえ旧法下での過去要件は過去無制限にさかのぼって判断するものであったが改正により、該当する職を辞してから10年が経過していれば社外監査役となることができるようになった。しかし人間の義理人情は10年で消えることはない。経営者を監督するという観点からは旧会社法のように過去無制限にさかのぼるべきであったと筆者は考える。

東京証券取引所は、上場企業のコーポレート・ガバナンスの向上に向けた環境整備の一環として、「上場会社は一般株主保護のため、取締役である独立役員を少なくとも1名以上確保するよう努めなければならない。」とすることを「企業行動規範」の「遵守すべき事項」として規定し、かつ、独立役員に関して記載した「独立役員届出書」を同取引所へ提出することを求め、また、上場会社が自らのコーポレート・ガバナンス体制を選択する理由と独立役員の確保の状況をコーポレート・ガバナンス報告書において開示することを求めている。

そして2015年のさらなる改正により、上場会社は独立社外取締役を2名以上選任すべきとする「コーポレートガバナンス・コード」が定められ同年6月から施行されていることは経営者監督の観点から評価したい。

従来の2つの機関設計において社外取締役が十分に活用されていなかったため、2014年の改正により社外取締役の機能を活用しやすくし、業務執行者に対する監督機能を強化させる第3の機関設計として「監査等委員会設置会社」が新設された。したがって上場企業は、会社法が規定する機関設計のうち主要な3種類（監査役会設置会社、指名委員会等設置会社、監査等委員会設置会社）のいずれかを選択することとされた。

歴史を振り返ってみると、2011年に顕在化した大王製紙の会計不正事件。同社は監査役会設置会社で、社外監査役には弁護士2人と元警察官僚がいたにもかかわらず経営者不正を発見できなかった。2014年に会計不正が発覚した東芝は委員会設置会社であったが、監査委員会は数千億円の不正を見逃した。そして2018年に発覚した日産自動車の有価証券報告書虚偽記載事件は、今後特別背任罪や横領罪にも広がりを見せる様相である。同社は監査役会設置会社であり、4名の監査役の内3名が銀行出身の独立性の高い社外監査役であったが役に立たなかった。2014年の会社法改正により監査等委員会設置会社が選択肢の1つとして増えたが、経営者不正の予防や摘発に有効かどうかは未知数である。

第5章
内部統制と内部監査

1. はじめに

歴史的に見て内部監査人が行う内部監査の生成時期は必ずしも明確ではないが、Brink, V. Z. が1938年に大規模会社で内部監査部門を設置している会社に対してその設置年度を実態調査した結果が報告されていることから、19世紀末には既に内部監査人による監査が進められていたことが推測される[1]。19世紀末から1930年代頃までの内部監査の目的は、会計上の不正や誤謬を発見し、その責任者を追及することであった。したがって内部監査人は、発見した不正や誤謬の数ないし金額によって評価されたと言う[2]。

ところが、内部統制概念の変遷によって内部監査も変貌してきた。本章では、Minahan委員会報告書、Treadway委員会報告書、COSO報告書そして現行アメリカ監査基準書において内部統制と内部監査がどのように取り扱われてきたかを見た後、内部監査と外部監査の統合可能性について検討し、1999年6月にIIA理事会で採択された内部監査の定義に触れながら、あるべき姿について考察していく。

1　檜田［1966］『監査要論』白桃書房、266ページを参照されたい。

2　檜田、同上書、268ページを参照されたい。

2. Minahan委員会報告書

Minahan委員会報告書は、「内部会計統制は真空状態の中で評定することはできない。それは、さまざまな要因が内部会計手続と技法の選択及びその有効性に、大きな影響を与えているからである。内部会計統制環境の中には、正式に定められた企業の行為綱領や内部監査職能のように、はっきり目で確認できるものもあれば、従業員の能力や誠実さといったように、形では捉えることのできないものもある。また組織構造や、経営者が方針を伝達、実施そして強化する際の方法のように、企業によって大きく異なり、それゆえ比較するよりは、むしろその違いを強調する方が容易なものもある。」[3]と言う。各要因の重要性を測定することは困難ではあるが、内部会計統制環境を全体的に評定することは一般に可能である。企業の内部会計統制環境についての全体的な評定は、個々の統制手続と技法を評定する前に行わなければならないと考えられる。

また、「統制環境が不十分であれば、当初予定したとおりに、あるいは目的どおりに機能しない会計統制もでてくるであろう。例えば個々の従業員は、個別的統制手続に対する経営者の干渉に抵抗しようとはしなくなるからである。反対に予算統制が整備・確立され、また内部監査職能が有効に機能している統制環境は、個別的会計統制手続と技法を相当程度補完することができる。統制環境が不十分な企業においても、会計統制手続と技法が機能することは可能であるが、統制に対する意識が十分に浸透している環境が企業に存在しなければ、内部会計統制の一般的統制目的が達成されていることについて経営者が合理的な保証を得ることはできないであろう。」[4]と同報告書は述べている。組織上のチェック・アンド・バランスを評定するにあたっては、とりわけ財務統制職能

3　AICPA [1979] "Report of The Special Advisory Committee on Internal Accounting Control," p.12.（鳥羽（訳）『財務諸表監査と実態監査の融合』白桃書房、21ページ、1991年）

4　*Ibid.*, p.12.（同上訳書、21ページ。）

と内部監査職能という２つの職能が注意深く考慮されるべきである。両職能の目的は企業内の統制に対する意識を適切な水準に高揚させ、それを維持することにあるという意味において、組織構造における他の職能と異なっている[5]。

以上のとおり、Minahan 委員会報告書は、各要因の重要性を測定する困難性を指摘すると共に、財務統制機能と内部監査機能の重要性を力説した。

3. Treadway 委員会報告書

Treadway 委員会報告書における公開企業に対する勧告は、「不正な財務報告の問題を２つの段階で取り扱うことによって、その発生を減少させようとするものである」[6]とし、最高経営者は以下の２段階を実施すべきであると主張している。すなわち (1) 良い社風、すなわち財務報告が行われる全体的な統制環境を確立することと、(2) 内部会計機能、内部監査機能、及び取締役会の監査委員会といった財務報告の誠実性にとって、重要な企業内部の諸機能の有効性を最大限引き出すこと[7]、という２段階である。

上記の勧告は、最高経営者によって作り出される社風に焦点を当てている。最高経営者によって作り出される社風は、財務報告プロセスの誠実性に影響を与える最も重要な要因であるので、一連の規則と手続がいかに周到に文書化されていても、社風に緩みがある場合には不正な財務報告が発生する可能性は非常に高くなる。財務報告が行われる企業の環境や風土は、経営者が作り出す社風によって醸成されていくものであるから、社風は財務報告プロセスの誠実性に影響を与える最も重要な要因である。

Treadway 委員会報告書は、良好な社風を確立するために次のような勧告を行っている。

5　*Ibid.*, p.16.（同上訳書、26 ページ）を参照されたい。

6　The National Commission on Fraudulent Financial Reporting［1987］“Report of The National Commission on Fraudulent Financial Reporting”, p.31.（鳥羽・八田（共訳）『不正な財務報告』白桃書房、24 ページ、1991 年）

7　*Ibid.*, p.31.（同上訳書、24 ページ。）

（勧告）

・「公開企業の最高経営者が財務報告プロセスを監視する責務を履行するためには、企業の財務諸表を不当に歪める原因となる諸要因を識別、理解、そして評価しなければならない。」[8]

・「公開企業は、不正な財務報告の防止または早期発見について合理的な保証を与える内部統制を確立すべきである。」[9]

・「公開企業は、企業の行為綱領を定め、それを実施すべきである。行為綱領は、強固な倫理的環境と不正な財務報告から企業を保護する上で役立つ自由な意思疎通とを育成・助長するものでなければならない。内部統制の有効性を継続的に監視するため、監査委員会は経営者が企業の行為綱領の遵守を監視するために設定した計画を毎年検討すべきである。」[10]

・「公開企業は、その財務報告義務を満たすことを目的にして設計された会計職能を維持すべきである。」[11]

・「公開企業は、その規模や業種に適した有能な内部監査スタッフを十分に備えた効果的な内部監査部門を維持すべきである。」[12]

・「公開企業は、内部監査部門の果たす職能が客観的であることを保証すべきである。」[13]

・「内部監査人は、非財務監査を通じて検出された問題が企業の財務諸表にとっていかなる意味合いを持っているかを検討すべきである。」[14]

・「経営者と監査委員会は、財務報告プロセス全体の監査への内部監査人の関与が十分であり、かつ、公認会計士との間で適切な調整が行われているかどうかを確かめるべきである。」[15]

---

8 *Ibid.*, p.33.（同上訳書、27ページ。）
9 *Ibid.*, p.34.（同上訳書、28ページ。）
10 *Ibid.*, p.35.（同上訳書、30ページ。）
11 *Ibid.*, p.36.（同上訳書、33ページ。）
12 *Ibid.*, p.37.（同上訳書、35ページ。）
13 *Ibid.*, p.38.（同上訳書、36ページ。）
14 *Ibid.*, p.39.（同上訳書、38ページ。）
15 *Ibid.*, p.39.（同上訳書、38ページ。）

以上のとおりTreadway委員会報告書における勧告は、不正な財務報告の発生を減少させるために、最高経営者に、良い社風、すなわち財務報告が行われる全体的な統制環境を確立することと、内部会計機能、内部監査機能および取締役会の監査委員会といった財務報告の誠実性にとって重要な企業内部の諸機能の有効性を最大限引き出すことを求めたのである。

4. COSO報告書

COSO報告書は、「企業の組織構造は、企業レベルの目的を達成するための活動を計画、実行、統制そして監視する場合の枠組みを提供する」[16]と言う。

事業体の目的に適合した組織構造を確立することの中には、権限と責任と言う重要な領域を定義することおよび適切な報告ラインを確立することなどの重要な側面が含まれる。例えば内部監査部門は、企業の財務諸表の作成に直接的な責任を負ってはいないが、十分な監査活動を保証し、かつ、監査の結果や監査人の勧告事項を追跡調査できる十分な権限を持っている上級役員との間で自由な接触ができなければならない。そして事業体は、そのニーズに適した組織構造を確立しなければならず、企業の組織構造が適切であるかどうかは、その企業の規模や活動の性格によっても影響を受ける。例えば、内部監査職能が弱いため不適切な行動を発見し報告することができなかったり、取締役会が無機能化しているため最高経営責任者に対する客観的な監督が行なわれていないことが挙げられる[17]。

通常の業務の過程における内部統制の有効性を監視するのに役立つ活動として、「内部監査人と外部監査人は、内部統制を強化しうる方法に関して定期的に勧告を行う。多くの事業体では、監査人は内部統制の設計についての評価とそ

16　Committee of Sponsoring Organization of the Treadway Commission（COSO）［1992］*Internal Control–Integrated Framework*, AICPA, p.27.（鳥羽・八田・高田（訳）『内部統制の統合的枠組み』白桃書房、41ページ、1996年）

17　COSO, *op. cit.*, p.25.（鳥羽・八田・高田（訳）同上訳書、37ページを参照されたい。）

の有効性の検証に相当な注意を払っている。潜在的な統制上の弱点が識別され、代替的な措置がしばしば経営者に勧告されるが、その際、費用便益の決定に役立つ情報が一緒に提供される。内部監査人もしくはそれと同様の機能を遂行する経営管理者は、事業体の活動を監視する上で特に有効である。」[18]としている。

内部監査部門は内部統制システムの確立や維持に対して主たる責任を負わず、その責任は主要な経営管理者と共に最高経営責任者が負うべきものであるが、内部監査人は内部統制システムの有効性の評定に重要な役割を担い、内部統制システムの有効性の維持に貢献するものである。また内部監査部門に対しては、必要な組織上の地位と権限が与えられており、また、その評定活動は客観的に実施されているので、内部監査部門は、しばしば有効な内部統制にとって非常に重要な役割を果たしている[19]。

5. アメリカ監査基準書における内部監査

『監査基準書（Statements on Auditing Standards）』AU322において、「内部監査人は分析、評価、保証、勧告およびその他の情報を、マネジメントならびに取締役会または他の同等の責任と権限をもつものに提供する責任がある。この責任を果たすために、内部監査人は監査される活動に関して客観性を保持しなければならない。(para.3)」[20]としている。また、「内部監査機能の重要な責任は、事業体の内部統制を監視することである。内部統制について理解を得るとき、(独立) 監査人は監査計画を立案するのに関係のある内部監査の活動を識別するために十分な、内部監査機能について理解を得なければならない。(para.4)」[21]としている。さらに外部監査人を直接補助するための内部監査人の

---

18 *Ibid.*, p.71.（同上訳書、116ページ）。

19 *Ibid.*, p.89.（同上訳書、149-150ページ）を参照されたい。

20 *AICPA*［2002］*Professional Standards, Vol.1*, June, p.381.（児嶋『(新版) アメリカ監査基準書［SAS］の読み方』中央経済社、173ページ、2003年）

21 *Ibid.*, pp.381-382.（同上書、173ページ）。

利用について、「監査の実施において、監査人は内部監査人に直接補助を要請してもよい。例えば、内部監査人は、（独立）監査人が内部統制について理解を得る、あるいは統制手続きのテストまたは実証性テストを実施するとき、監査人を補助することができる。（para.27）」[22]。「ただし、直接補助されるとき、監査人は、内部監査人の適格性と客観性を評価し、その状況において適切な程度に内部監査人によって実施された作業を監督、レビュー、評価そしてテストしなければならない。（para.27）」[23]としている。このように監査基準書では、内部監査人は最高経営責任者や取締役会に対して責任を負っていること、内部監査機能の重要な責任は事業体の内部統制を監視することであること、そして（独立）監査人と内部監査人の協調が重要であることを規定している。

6. 内部監査と外部監査の統合可能性

6-1. 内部監査と外部監査の統合可能性

内部監査と外部監査の関係について青木［1970］は、「監査人が従業員等、経営内部に所属する者か外部の者であるかによって、あるいは監査対象の広狭、監査方法の相違等によって区別されることもあるが、それは必ずしも正しいとは言えない。両者の根本的相違は監査要請者の位置とそれに対する監査の目的による。すなわち内部監査は経営体の枠内における特定の者または集団（特に経営者）に奉仕することを目的とした同一経営体に属する他の者または集団に対する監査であり、外部監査は外部利害関係者の保護ないし擁護を目的とする、その経営体全体または部分に対する監査である。したがって両者の区別は、その究極目的が対内調整的ないし経営者的か対外調整的ないし社会的であるかによる区別であるということができる。内部監査は特定の者または集団によって指定され被監査部門に対し独立性を持つような内外の適任者すなわち内部監査

22　*Ibid.*, p.387.（同上書、179ページ）。
23　*Ibid.*, p.387.（同上書、179ページ）。

人によって行われるのに対し、外部監査はその経営から身分的にも経済的にも独立した外部監査人によって行われる。前者における良否判断の基準は社内的であり、経営目的によって制約され、またその監査テーマの選択をはじめ監査方法のすべてが経営者の問題意識と監査要求に応じて流動的であるのに対し、後者ではその基準も社会的、社外的である。」[24]と述べている。

しかし内部監査と外部監査がお互いに、社会的存在としての企業を監査するものと位置付ければ､両監査の統合化の可能性が検討されてしかるべきである。

6-2. 統合化肯定説

内部監査と外部監査の統合可能性について、肯定する立場から「企業不正が多発するのは、企業倫理観の欠如によるともいえ、企業行動の適正性、公正性を律するルールが無機能化しているからである。企業倫理監査は経営判断に関係する場合が多く出てくることが予想されるため、監査人側の関与が必要となり、必然的に責任が大きくなるので企業側と監査人側の相互協調があることによって成果が上がることが指摘される。」[25]という見解がある。

Brinkも、会計士監査（外部監査）と内部監査の統合可能性について肯定する立場から、会計士の仕事と内部監査人の仕事の調整は可能であり、協調が必要であると次のように主張している。「会計士監査は精査の形を取らず、会社の内部手続の妥当性に依存しており、これが内部統制の評価となり、ひいては内部監査計画に及ぶものである。内部監査の機能を会計士監査の中で整理してみると次のとおりである。(1) 会計的統制の作用効果をチェックすること。(2) その妥当性を評定すること。(3) 内部監査は内部統制の全体系の一部であるから、会計士監査は自己の依存範囲を明確にするため内部監査の仕事を評定すべきである。これにより会計士監査は精細な検証の範囲を省略することが許される。

24　青木［1970］『現代の内部監査』中央経済社、4ページを参照されたい。

25　友杉［1996］「コーポレート・ガバナンスと監査機能」『企業会計』第48巻9月号、9ページ。

両者は競争相手の関係ではなく、それぞれの機能貢献を捧げて他の有効な機能遂行のために助け合うものである。要するに会計士監査と内部監査人監査は、この意味で同質的であり、1つのチームとして協同すべきであり、また協同できるものである。」[26]そして協調の可能性は、(1) 内部監査計画の設定時、(2) 内部監査は会計業務に密接しているから内部監査がなした仕事が利用できること、(3) 内部監査報告書の利用は、会計士にとって時間節約、有効性、経済性にかなうこと、といったような場面に存在するとしている[27]。

Norbeck, E. F. 他も、内部監査の特質を業務監査として位置付け、財務諸表監査と業務監査は分離できないものであり統合の形で考えられるのが自然であることを強調している。業務監査は監査機能と経営管理機能との統合の産物であるので、内部統制の故障を警告し、潜在的業務改善を示唆し各分野の経営管理機能の調整と故障の影響を指摘するとし会計士監査との有機的統合を主張している[28]。

6-3. 統合化否定説

河合［1973］は否定説の立場から、「財務諸表監査では、内部監査がどのような形で充実されようとも、それは財務諸表監査の前提となる内部統制組織の充実を意味するだけで、監査対象として捉えることに変わりがない。内部監査の充実は、内部統制という監査上の間接証拠の充実を意味する。」[29]だけで、「内部監査の結果をどのように利用するかについては外部監査人の判断によるのであって、内部監査結果を評定もせずにそのまま外部監査人が利用するとなると、外部監査人は至当な職業的専門家としての注意を払わなかったとして責任を追及されることになろう。」[30]と述べている。内部監査は経営者をチェックするも

26　Brink［1943］*Managerial Control through Internal Auditing*, Stamford, Conn, p.33.
27　*Ibid.*, pp.36-37.
28　Norbeck, E. F. and others［1969］*Operational Auditing for Management Control*, pp.72-75.
29　河合［1973］「情報監査論の展開と経営監査の関係をめぐって」『會計』第103巻第3号、13ページ。

のではなく、経営者の支配下にある従業員をチェックする機能を持つ。外部監査が経営者の不正や粉飾決算にとりわけ注意を払わなければならない理由はここにあるのである。河合は、さらに「独立経営監査は経営情報の監査にまで踏み込むことになるため、内部監査との接近と取られやすいが、そのような受けとめ方は誤っていると考えられる。独立経営監査の充実は、企業外部の投資家に対する情報の信頼性を高める目的でなされる監査であって、経営者の経営能率増進のためになされる内部監査人のなす経営監査とは質的に異なる。会計士監査と内部監査とは統一できるというものではなく、それぞれが互いに他の利点を利用して自己の監査目的をより合理的に達成しようとするもので、積極的に両監査人が協同して監査に当たる必要はないものと思われる。」[31]として両監査の統一に否定的である。

田島［1973］も、「内部監査は外部監査とその性格を異にするから両者の協調は、理論的には極めて困難であると言わざるを得ない。なぜならば、内部監査は会社の従業員の手によってなされるので経営者に対する独立性が弱いからである。しかも経営者に奉仕するための監査であるので財務会計問題に限定されることなく定められた政策手続きに準拠しているかどうかに主眼点が置かれその改善を目指して行われるため、その責任も経営管理者に対して負うからである。しかし両監査の協調は一定の範囲で可能であると思う。例えば債権債務の「確認」手続きにおいては、相互の作業時間を節約することができ監査費用の節約ともなる。ただし、会計士は他人の集めた証拠資料に基づいて自己の意見を形成することがあってはならない。内部監査人が協力をなしうるのは、監査証拠の入手上直接に関係しないことに限るものと解すべきであり、ここに内外両監査の協調の限界がある。」[32]と述べている。

江村［1973］は、「公認会計士監査と内部監査との間に存すべき関連は監査制度全般の性格のいかんにも左右されるのであり、単に抽象的な考察の対象とす

30　河合、同上論文、14ページ。
31　河合、同上論文、24ページ。
32　田島［1973］「会計士監査と内部監査との関連」『會計』第103巻第3号、1-10ページ。

ることは適当とは言えない。」[33]としながら、以下のように場合分けしながら、協調の可能性について検討している。

6-3-1. 会計処理業務に関する両者の関連

内部監査として、企業の会計処理業務における当否の検討を目的とする監査活動が行われている場合、内部監査は基本的には公認会計士による財務諸表監査と同一の内容を持つように見えるだろう。しかしながらこの結論はあまりにも単純にすぎる。両者の関連は、内部監査における会計処理業務監査の実施程度の如何により当然に異なってくるというべきであって、一般的な結論を下すこと自身、さほどの意味を有しないといえる。

両者の制度化要因の決定的な差異の存在により内部監査は公認会計士による財務諸表監査の代替物となることは不可能であるばかりでなく、両者の監査実施業務の内容や表明される監査意見の内容に大きい差異を生ぜしめるのである。この点を無視して両者間の共同監査計画を云々することは、全く無謀といわなければならない。

監査業務自体は代替的でないにしても、両者により入手される監査証拠が同一であることを考えるとき、監査証拠の代替性、すなわち公認会計士による内部監査の入手した証拠の利用ということが考えられる。両者の共通性はここにこそ求められなければならない。内部監査としての会計処理業務が確立されている場合、公認会計士監査の監査費用の節減が期待されるという主張は、ここで述べている監査証拠の代替的利用に伴う公認会計士の監査実施業務の量的縮小によるものと考えられるのであって、内部監査によって公認会計士監査が代替され、その結果、監査費用の節減が行われることは、極めて例外的であると言わざるを得ない。

33　江村［1973］「公認会計士監査と内部監査」『會計』第103巻第3号、84ページ。

6-3-2. 会計処理業務以外の業務に関する両者の関係

会計処理業務以外の業務に関する両者の関係は、公認会計士によって、内部監査の結果が参考とされる程度に止まらざるを得ないであろう。けだし、公認会計士は、すでに行われた内部監査の報告書もしくは監査調書を閲読して各種業務につき、企業が自ら行っている「統制」もしくは「管理」の有無、強弱の程度を知ることによって、各種業務すなわち取引の正当な実在につき予断的な「心証」を形成するにとどまるからである。

6-4. 両者協調説

檜田［1973］は、「内部監査人による監査がいかに高度に、かつ効果的に実施されているとしてもその妥当性と有効性とを独立的な立場で検討し、監査意見形成の基礎を自ら確証することが原則とされなければならない。」[34]とし、「内部監査人の業務は独立監査人の業務の代替としてではなく、補足するものとして独立監査人によって考えられなければならない。」[35]として統合化に対する肯定説、否定説のいずれかといえば、否定説に近いが、むしろ両者協調説とでもいうべき立場を採っている。「内部監査人による内部統制システムの評価結果を監査判断形成の基礎資料として検討することは有効であり、かつ不可欠である。監査人は内部統制システムの弱点が内部監査人によってどの程度補完されているかを確かめる必要がある。その意味で会計士監査と内部監査とは無関係たり得ず、会計士監査は内部監査との協調を認識しなければならない。」[36]と主張している。

以上、統合化に関する肯定説、否定説を検討してきたが、内部監査部門は、監査委員会監査および公認会計士監査の業務において不可欠な情報を提供できる部門であるため重要視すべきである。したがって筆者は、現在においては企

34　檜田［1973］「会計士監査と内部監査」『會計』第103巻第3号、28ページ。

35　AICPA［1963］Statement on Auditing Procedure No.33, "Auditing Standards and Procedures", p.32.

36　檜田、前掲書、46ページ。

業の任意である内部監査部門の設置を、制度的に強制する方向で検討していくべきであろうと考える。

7. Basel 銀行監督委員会報告書の内部監査

Basel 銀行監督委員会報告書の 18 の原則は、監査委員会がさまざまなガバナンスシステム諸要素間のコミュニケーションを活発にする機関となりうることを示唆している。原則 5 は銀行の内部監査部門は、被監査業務から独立していなければならないと規定している。そして、独立性の原則により内部監査部門は最高経営責任者、取締役会、監査委員会のいずれかの指揮下で職務を遂行することになる。内部監査機能は、独立した検証の対象となるべきである。この検証は、外部監査人のような独立した主体あるいは監査委員会によって行われるとしている。

原則 18 においては、監督当局、外部監査人、内部監査人間の協力関係の狙いは、最適な監督を行うための全関係者からの貢献をより効率的かつ有効にするという点にある。この協力関係は、監査当局と外部監査人・内部監査人の間の定期的な会合が基本となると規定している。そして、監査委員会の定義として、「監査委員会は通常、取締役会の委員会とみなされており、経営に関与していない非執行役員で構成されるのが普通である。」と規定している。また監査委員会は少なくとも、現在または以前に上級管理者ではなかった取締役会メンバーを 3 人含むべきであり、監査委員会において、経営陣メンバーは半数を超えるべきではないとし、監査委員会メンバーは役目に対応した経歴の持ち主であるべきであるとしている。そして、少なくとも 1 人は財務報告、会計監査に関わった経歴を持っていなければならないとし、効率性の観点から最高経営責任者または上級管理者、内部監査人は監査委員会の定期的会合に出席することが認められるべきであるとしている。

8. 内部監査人協会による内部監査の定義

内部監査人協会（The Institute of Internal Auditors：IIA）の旧定義では「内部監査とは、組織体への奉仕として、その諸活動を検証し評価するため、組織体の中に設置された独立的評定機能である。」[37]とされていた。それに対して1999年のIIA理事会で承認された「専門職的実施の国際基準」における定義では、「内部監査は、組織体の運営に関し価値を付加し、また改善するために行われる、独立にして客観的なアシュアランス及びコンサルティング活動である。」[38]と規定された。アメリカ会計学会・監査セクション作業部会が著した『独立性と客観性―内部監査人のためのフレームワーク―』によれば、この定義は「内部監査活動の性質の変化、組織体のリスク管理、ガバナンス及びコントロール構造に統合された部分としての内部監査活動の役割を明確に認識している。」[39]

理想的には内部監査人は、取締役会の監査委員会に直接報告しなければならないとしているのであるが、「内部監査単位が独立性を達成する能力は、組織体内での内部監査単位の配置または組織上の地位の適切さに決定的に依存する。この点において、内部監査単位は被監査単位からの強力を得られ、かつ必要な情報に自由にアクセスできるような地位になければならない。加えて、監査発見事項に関する報告書は偏向がなく、かつ経営者による圧力を受けてはならない。」[40]という点が重要であり、上記定義がいう「組織体の運営に関し、価値を付加し、また改善するために行なわれる、独立にして客観的なアシュアランス及びコンサルティング活動」は、最高経営責任者に対する「アシュアランス及びコンサルティング活動」に止まらず、その上位たる取締役会（監査委員会）に対するコンサルティング活動であると考えるべきであると筆者は考える。

37　アメリカ会計学会・監査セクション作業部会（著）・松井隆幸（訳）[2002]『独立性と客観性』日本内部監査協会、4ページ。

38　http://www.iiajapan.com/guide/IIA_standards/

39　前掲書、5ページ。

40　前掲書、29ページ。

9. わが国における「内部監査基準」の改訂

9-1. 改訂の背景

2014年に日本内部監査協会は「内部監査基準」を改訂した。改訂の背景として6つの事柄を挙げているが、その中から2つ抜粋して示すと、次のとおりである[41]。

「第1は、内部監査の法的環境の変化である。まず2005年制定の会社法で、コーポレート・ガバナンスをめぐる各機関設計のあり方、業務の適正を確保するための体制、より高い透明性の要請等々は、それらへの前提として内部監査が果たすべき役割への理解を強めた。これとともに、2007年改正の金融商品取引法での内部統制報告書に対する公認会計士または監査法人による監査証明制度の行政的措置は、企業会計審議会「財務報告に係る内部統制の評価及び監査の基準並びに財務報告に係る内部統制の及び監査に関する実施基準」における内部統制への知識を組織体及びその集団に対して飛躍的に広めた。さらに金融商品取引法における法令違反等の事実発見への公認会計士または監査法人の対応に関する定めも内部監査での不正への対応に大きな影響を与えたことから、内部監査の実施環境は著しく変化した。

第2は、2004年以降の組織体をめぐる多数の不祥事の露見である。近代内部監査は不正の発見を目的として19世紀に実施されたことに始まる。その後の内部監査は不正・誤謬の発見目的の後退とそれらの発生防止目的への転換、さらには合理性の評価を志向した業務監査、そして経営監査へと展開されてきた。しかしながら次から次に露見する組織体の不祥事は、内部監査においても不正リスクの識別を再考し、それに対する制度的対応を考慮せざるを得なくなったわけである。」

41　http://www.iiajapan.com/pdf/guide/20140601_1.pdf.

9-2. 主な改訂点

2014年の「内部監査基準」(以下、「基準」)の主な改訂点は、次のとおりである[42]。

(1) 内部監査の独立性に関し、これまでは「組織上、原則として、最高経営者に直属し」とされていたが、これを「組織上、最高経営者に直属し、職務上取締役会から指示を受け」(「基準」2.2.1) とした。ガバナンスを重視する近年の外部環境を意識してのことである。

(2) 内部監査の品質管理は、これまでの内部監査基準においてもそれを実施することが求められていたが、定期的内部評価を「少なくとも年に1回、実施されなければならない。(「基準」4.2.2) としたほか、外部評価についても、「5年ごとに実施されることとする。」を「少なくとも5年ごとに実施されなければならない。」(「基準」4.2.3) と改め、内部監査部門自体のリスクに対応するために、内部監査の品質を向上するための一方法として内部評価と外部評価の実施を求めることとした。

(3) 組織体の激変する運営環境に適応し、組織体のニーズに合致した内部監査を実施し、監査部門自体のリスクを軽減するために監査環境への弾力的適応が重視されるため、「内部監査部門長は、組織体内外の環境に重要な変化が生じた場合には、必要に応じリスク評価の結果を見直し、内部監査計画の変更を検討しなければならない。」(「基準」5.2.2) とした。

10. 内部監査の限界

内部牽制システムと内部監査制度を包括した内部統制は、かつて本質的に経営者への奉仕を目的として、経営者によって立案され、設定され、しかも経営

---

42 http://www.iiajapan.com/pdf/guide/20140601_1.pdf.

者が管理する機構であると考えられてきた。この前提に立脚すれば、経営者が行う不正経理、特に企業的意図によって行われる不正経理は、本来、内部統制機能の領域外である。したがって内部統制は、利害関係者にとって最も重大な問題である企業的意図によって行われる不正経理に対しては有効ではなく、その防止または摘発を期待することはできない。内部監査人は経営組織上、企業内部に位置付けられ経営者のスタッフ機能を果たしているため、経営者レベルに対しては機能的限界があることは避けられない。「内部監査人監査は経営者不正よりは従業員不正の防止に重点が置かれるが、独立性、専門性を武器とした経営システム評価人としての有能な内部監査人は、社会的不公正を意識した監査も実施しており、重要な経営管理用具として機能させていく経営者の積極的支援が必要である」[43]と言われることがあるが、経営者の積極的支援を受けながら経営者のチェックはできるわけもないと言わざるを得ない。

しかしながら、内部監査とは内部統制の目的が達成されているかを検証する機能であるから、監査委員会が経営者から独立して内部監査人を監督できれば、内部監査は経営者に奉仕する監査ではなく経営自体の監査となる。そうなれば内部監査と外部監査の両監査は1つの経営監査に統一される。このような監査こそ経営監査のあるべき姿であると主張する見解[44]もある。筆者もその見解に賛成である。

11. むすび

内部監査は、従来から経営者への奉仕を目的として経営者によって立案され、設定され、管理される機構であると考えられてきた。その結果、経営者が意図的に行う不正経理は本来、内部監査機能の領域外である。したがって内部監査

43　友杉［1996］「コーポレート・ガバナンスと監査機能」『企業会計』第48巻9月号、9ページ。

44　松田［1986］『経営監査論』現代出版、37ページを参照されたい。

は、利害関係者にとっての重大な問題である経営者不正に対しては有効ではなく、その防止や摘発を期待することはできない。

本章では、内部監査と外部監査の統合化に関する肯定説、否定説を検討したが、いずれの所説においても内部監査部門は、監査役会監査（監査委員会監査・監査等委員会監査）および公認会計士監査の業務において不可欠な情報を提供できる部門であるため重要視すべきである。したがって、現在においては企業の任意である内部監査部門の設置を、制度的に強制する方向で検討していくべきであろう。

1999年6月にIIA理事会で採択された「専門職的実施の国際基準」における定義では、「内部監査は、独立にして、客観的なアシュアランス及びコンサルティング活動」であると規定された。この定義は、内部監査活動の性質の変化、そして組織体のリスク管理、ガバナンスおよびコントロール構造に統合された部分としての内部監査活動の役割を明確に認識している。加えて、監査発見事項に関する報告書は偏向がなく、かつ経営者による圧力を受けてはならないことが重要である。

2014年に改訂された現在の「内部監査基準」では、内部監査部門の組織上の位置づけは、「最高経営者に直属し、職務上取締役会から指示を受け、同時に、取締役会および監査役会または監査委員会への報告経路を確保しなければならない。」とされている。最高経営者に直属させると最高経営者をチェックすることはできないため取締役会（監査委員会）に直属させるべきであろう。したがって上記定義がいう組織体の運営に関し、価値を付加し、また改善するために行われる「独立にして、客観的なアシュアランス及びコンサルティング活動」は、最高経営責任者に対するコンサルティング活動に止まらず、その上位たる取締役会（監査委員会）に対するコンサルティング活動であると捉えるべきである。内部監査とは内部統制の目的が達成されているかを検証する機能であるから、監査委員会が経営者から独立して内部監査人を監督できれば、内部監査は経営者に奉仕する監査ではなく経営自体の監査となる。そうなれば内部監査と外部監査の両監査は1つの経営監査に統一される。

内部監査、外部監査、監査委員会監査の三様監査は、それぞれが明確な役割を果たしながら補完的かつ相互支援的であることが要請される。監査機能の全体的な有効性向上のためには、将来的にはそれぞれの独立性を強化しながら三様監査の統合化が必要である。

【参考文献】

AICPA［1963］Statement on Auditing Procedure No.33,"Auditing Standards and Procedures."

——［1979］"Report of The Special Advisory Committee on Internal Accounting Control."（鳥羽至英（訳）『財務諸表監査と実態監査の融合』白桃書房、1991年）

——［2002］*Professional Standards*, Vol.1, June.（児嶋隆『(新版) アメリカ監査基準書(SAS)の読み方』中央経済社、2003年）

Brink, V. Z.［1943］*Managerial Control through Internal Auditing,* Stamford, Conn.

Committee of Sponsoring Organization of the Treadway Commission（COSO）［1992］Internal Control -Integrated Framework, AICPA, 1992.（鳥羽至英・八田進二・高田敏文（訳）『内部統制の統合的枠組み』白桃書房、1996年）

Norbeck, E. F. and others［1969］*Operational Auditing for Management Control,* American Management Association.

The National Commission on Fraudulent Financial Reporting［1987］"Report of The National Commission on Fraudulent Financial Reporting."（鳥羽至英・八田進二（共訳）『不正な財務報告』白桃書房、1987年）

青木茂男［1970］『現代の内部監査』中央経済社。

アメリカ会計学会・監査セクション作業部会（著）・松井隆幸（訳）［2002］『独立性と客観性』日本内部監査協会。

江村稔［1973］「公認会計士監査と内部監査」『會計』第103巻第3号、74-84ページ。

河合秀敏［1973］「情報監査論の展開と経営監査の関係をめぐって」『會計』第103巻第3号、11-25ページ。

田島四郎［1973］「会計士監査と内部監査との関連」『會計』第103巻第3号、1-10ページ

友杉芳正［1996］「コーポレート・ガバナンスと監査機能」『企業会計』第48巻9月号。

檜田信男［1966］『監査要論』白桃書房。

——［1973］「会計士監査と内部監査」『會計』第103巻第3号、26-48ページ。

松田修一［1986］『経営監査論』現代出版。

第6章

内部監査とコーポレート・ガバナンス
―わが国の食品業界を例として

1. はじめに

わが国の食品業界では食品の偽装表示等の不祥事が頻発し、食品業界全体に対する消費者の信頼を揺るがしかねない状況が続いている。2009年に全国の警察が摘発した「食の安全」にかかわる事件は66件（前年比78.4%増）、逮捕・書類送検された人数は132人（同45.1%増）で、いずれも統計を取り始めた2002年以降最多となったことが警察庁のまとめで分かった（『毎日新聞』2010年2月25日付、夕刊）。いったん消費者の信頼を失ってしまえば信頼の回復は極めて困難で、会社が成長し存続し続けることも難しくなるため、会社はコンプライアンスの徹底を図ると同時に有効な内部監査を実施する必要がある。

2008年3月農林水産省は、『「食品業界の信頼性向上自主行動計画」策定の手引き～5つの基本原則～』を公表した。ここに5つの基本原則とは、(1) 消費者基点の明確化、(2) コンプライアンス意識の確立、(3) 適切な衛生管理・品質管理の基本、(4) 適切な衛生管理・品質管理のための体制整備、(5) 情報の収集・伝達・開示の取り組み、である。

このうち (2) では、具体的な取り組み事項として、①コンプライアンスに関する方針（企業行動規範）の策定、②経営者が先頭に立った組織体制（内部通報体制等）の整備、③内部監査の実施等が挙げられている。③内部監査の実施については、最近注目を浴びている内部統制の有効性を、主として監査するのが内部監査部門であるということから、有効な内部統制監査には有効な内部監査が必要である。

そこで本章では、わが国の会社においてコーポレート・ガバナンスの観点から見た有効な内部監査実施体制が実現されているかどうかを、有価証券報告書や『監査白書』などを分析することによって明らかにしていきたい。その後、上述（2）②内部通報体制についても検討を加えていく。なお、本章において「コーポレート・ガバナンス」は、「有効な経営監督制度」という意味に限定して使用する。

2. 内部監査の定義の変遷

第5章でも内部監査の定義について検討したが、ここで再度内部監査の定義の変遷について振り返っておきたい。

内部監査は従来、内部統制の有効性評価機能として理解されてきた。すなわち内部監査は、経営体の枠内における特定の者（特に経営者）または集団に奉仕することを目的とした、同一経営体に属する他の者または集団に対する監査であった。したがって会社の従業員としての内部監査人が、経営者の行為をチェックするということは皆無であった。しかし、内部監査人協会（IIA）『意見書』における定義の変遷を見ると、内部監査に求められるものは、大きく変貌してきていることが分かる。

1957年改訂の『意見書』では、「内部監査とは、経営管理者への奉仕の基礎として、会計、財務、及びその他の諸業務を検閲するための経営組織内の独立評定活動である。」と定義されていた。それが、1978年の『内部監査の職業的実務基準』では、「内部監査は組織体への奉仕として、組織活動を検査し、評価するために組織内に確立された独立評定機能である。内部監査が支援する組織体内の構成員は経営管理者と取締役会メンバーとからなる。内部監査人は、これらの双方に対して組織体の内部統制システムの妥当性や有効性、及び執行部門に課せられた責任遂行上の成果の検討、評価を提供する責任を負う。」というように、「経営者への奉仕」から「組織体への奉仕」に変化した。さらに、1999年の『内部監査の専門職的実施の基準』においては、「内部監査は、組織体の運営に関し価値を付加し、また改善するために行われる、独立にして客観的な、アシュアランス及びコンサルティング活動である。内部監査は、組織体の目標の達成に役立つことにある。このために、内部監査は、体系的手法と規律遵守の態度とをもって、リスク・マネジメント、コントロール及び組織体の統治プロセスの有効性を評価し改善する。」とされた。

2004年に改訂された日本内部監査協会の『内部監査基準』も、IIAの1999年『基準』の影響を受けている。同協会の『内部監査基準』は（1）1.「内部監査の本質」において、「内部監査とは、組織体の経営目的の効果的な達成に役立つことを目的として、合法性と合理性の観点から公正かつ独立の立場で、経営諸活動の遂行状況を検討評価し、これに基づいて意見を述べ、助言・勧告を行う監査業務、及び特定の経営諸活動の支援を行う診断業務である。これらの業務では、リスク・マネジメント、コントロール及び組織体のガバナンス・プロセスの有効性について検討・評価し、この結果としての意見を述べ、その改善のための助言・勧告を行い、または支援を行うことが重視される。」としている。ここに「組織体のガバナンス・プロセスの有効性について検討・評価」するとは、ガバナンスのトップ、すなわち経営者たる社長（CEO）の行為のチェックをも含むものと解すべきではなかろうか。そうするならば『内部監査基準』（2）1.「内部監査の独立性と客観性」において、「内部監査機能は組織的に独立し、また、精神的にも客観的である必要がある。」との規定における、「組織的に独立し」とは、被監査部門に対してのみならず、社長（CEO）はじめ執行役に対しても独立性を保持していることが必要であるということになる。それで初めて経営者不正をチェックできる体制が確立できるはずである。したがって内部監査は、社長やCEOに直属であってはならず、独立取締役または独立監査役に直属させるべきものであると筆者は考える。

それにもかかわらず2014年に改訂された「内部監査基準」では、内部監査部門の組織上の位置づけが、「組織上、最高経営者に直属し、職務上取締役会から指示を受け」（2.2.1）となっている。つまり相変わらず「最高経営者に直属」している訳である。これでは最高経営者の引き起こす経営者不正を、内部監査部門が予防摘発できるはずもない。

3. 不祥事2社における内部監査の位置づけ

「白い恋人」で有名な石屋製菓は、2007年8月の不祥事によって厳しい社会的非難を受け信用を失墜した。同社に対して提言を行うために組織されたコンプライアンス確立外部委員会が同年11月に取りまとめた『報告書』（3-17ページ）では、「同社が『ファミリービジネス』の域を脱しないまま大規模化したため、株式会社が本来備えるべき体制・組織をほとんど備えていなかった。」ことが指摘され、取締役会が形骸化していたことも明らかになった。ところが、その反省に立って新組織が確立されたにもかかわらず同社の内部監査室は社長直属の形を取っている。

雪印乳業も、2000年の集団食中毒事件や2001～2002年の牛肉偽装事件により信用を失墜した。有価証券報告書（2008年3月期）によれば、同社の内部監査部（員数7名）は、監査結果を社長、監査役（4名、内2名は内部昇進監査役）、関係部門に適宜報告していると開示している。さらに同報告書「会社の機関・内部統制の体制図」では、内部監査部門は、代表取締役の監督の下、担当取締役（同社の取締役の多くは執行役員でもある）の指揮命令を受けると規定されている。そして監査結果は、担当取締役を経て代表取締役に報告されることになっている。ここに、社長はじめ執行役員に対して取締役・監査役の独立性が確保できておれば、内部監査は社長等の行為チェックについても有効なものとなるが、取締役の多くが執行役員を兼務し、内部昇進者が常勤監査役となり、社外監査役の選任も実質的には社長によって行われている現状において、有効性は限定的である。

4. 有価証券報告書に見る内部監査とコーポレート・ガバナンス

わが国では、2003年3月期から有価証券報告書において「コーポレート・ガバナンスの状況」についての開示が要請されるようになり、2005年3月期からは、その中で内部監査および監査役監査（監査委員会監査）の概要についての開示も行われるようになった。

そこで、東証1部上場食品業種各社の有価証券報告書を取り上げて分析してみることにする（会社名は割愛した）（図表6-1）。

図表6-1　東証1部上場食品業種のコーポレート・ガバナンス

整理番号	誰に報告するか			内部監査部門の員数（名）	従業員数（連結）（名）	取締役会における社内昇進取締役占有状況（社内／全体）（名）	内部通報規定の有無
	社長	取締役会	監査役会				
1	不明			1	2,549	13/13	○
2	○	○		不明	5,289	6/12	○
3	○	○		3	718	6/7	○
4	不明			不明	1,723	6/7	○
5	不明			不明	333	4/6	×
6		○		不明	1,055	5/5	○
7	○			3	513	5/7	×
8	○	○		2	496	6/6	×
9	○	○		5	697	3/7	×
10	○	○		1	190	6/6	×
11	○	○		3	64	7/9	×
12	○	○		5（兼任）	648	10/10	×
13	○	○		3	704	6/9	×
14	○	○		11	3,256	4/8	×
15	○	○		11	6,481	7/9	○
16	○			1	1,026	7/7	×
17	○			3	4,553	6/10	○
18	○	○		1	542	6/7	○
19	○	○	○	5	1,248	9/12	○
20	○	○	○	8	21,028	12/15	○

21	○	○	○	3	1,438	4/4	×
22	○	○		1	850	7/7	×
23	○	○	○	6	7,134	18/25	○
24	○	○	○	7	2,644	9/10	×
25	○	○		11	5,799	5/8	○
26	○	○		11	15,822	26/26	○
27	○	○		12	2,715	8/8	○
28	○	○		24	15,502	10/12	○
29	○	○		不明	5,276	8/9	○
30	○	○		3	667	6/7	○
31	○	○		不明	2,693	7/8	×
32	○	○	○	2	2,550	5/5	○
33	○	○		不明	1,077	5/7	○
34	不明			4	4,075	4/10	×
35	○	○		12	15,599	8/11	○
36	○	○		13	27,543	6/9	×
37	不明			5	3,223	7/8	×
38	○	○		不明	1,035	5/5	×
39	不明			2	1,192	6/8	○
40	○	○		3	237	10/10	○
41	○	○		7	1,858	5/7	○
42	○	○	○	5	943	8/8	×
43	○			11	8,420	6/8	×
44	○	○		8	2,842	9/15	×
45	○	○		15	3,419	9/9	○
46	○	○		10	5,709	22/22	○
47	○	○		4	1,321	8/8	○
48	不明			6	305	11/11	○
49	○	○	○	4（兼任）	207	5/7	○
50	○	○	○	4	2,484	15/18	○
51	○			不明	3,456	15/16	○
52	○	○		5	1,079	7/7	○
53	不明			5	7,348	8/10	○
54	○	○	○	15	25,767	12/12	○
55	○	○	○	4	8,885	15/15	○
56	○	○		5	4,128	8/9	○

57	不明			不明	1,904	6/6	○
58	○	○		1	356	8/9	○
59	不明			不明	587	11/11	×
60	不明			11	6,054	7/10	○
61	不明			3	3,391	13/13	○
62	○	○		4	6,914	12/15	○
63		○		4	1,271	6/6	○
64	○	○		3	1,027	16/16	×
65	不明			3	1,235	4/7	○
66	不明			24	47,459	10/11	○
67	不明			1	1,355	12/12	○
68			○	不明	796	6/9	○
69			○	2	650	7/7	○

出所：2007年度各社有価証券報告書（EDINET）および一部の企業への聞き取り調査により筆者作成。

ここで明らかになったことは、(1) 調査対象会社中では、内部監査部門の有無さえ明確に開示していない会社が複数あり、モニタリングに関するディスクロージャー意識の低さを物語っていること、(2) 数千人規模の会社でも、内部監査部門の員数は1～3名というケースがあること、(3) 内部監査部門は社長直属の場合が多く、誰に報告しているかを見ても、代表取締役社長がほとんどであること、(4) 取締役会において取締役は、社内昇進組が多いこと、である。

(3)については、『財務報告に係る内部統制の評価及び監査の基準（以下『内部統制の基準』)』や『内部監査基準』において、経営者直属の内部監査人が予定されている[1]ため無理もないが、「経営者が不当な目的のために内部統制を無視ないし無効ならしめることがある」(『内部統制の基準』Ⅰ.3) とあるように、経営者の行為をチェックするには内部統制の限界が存在する。『内部統制の基準』が規定する「統制環境」には、経営者の誠実性及び倫理観が含まれていることから、経営者の構築する内部統制には経営者自身もその対象として含まれるというべきであるが、現実的な運用では往々にして経営者自身が内部統制の埒外に置かれやすく、内部監査の対象にもならないことが多いため、内部統制によっ

1　企業会計審議会［2007］Ⅰ.4 (4)、日本内部監査協会［2004］「2」2。

て経営者の関与する不祥事を防止するには限界がある[2]。経営者不正に対しては、経営者の構築する内部統制に依拠せずに監査をする必要があるが、現実にはそれも困難である。経営者主導の不正が頻発していることを考えるに、独立性を保持した内部監査人が、独立取締役や独立監査役に直属する形が求められるのではなかろうか。

5. 内部監査の現実と課題

5-1. 内部監査部門の員数

内部監査人は、内部統制の目的をより効果的に達成するために、内部統制の基本的要素の1つであるモニタリングの一環として、内部統制の整備・運用状況を検討・評価し、必要に応じてその改善を促す職務を担っているわけであり、その作業には多大な時間と労力を必要とする。にもかかわらず内部監査部門の専任員数は、2007年のデータによれば1～3名の部分を合計したものが全体の58.9%と最も多い（図表6-2)。さらに『監査白書』では、従業員数と内部監査担当部門所属員数との関係を表で示しているが、1名しか配置されていないケースを会社の規模別に見れば有効回答数1,371社中、従業員数500名以下の会社では201社、501名以上1,000名以下の会社でも72社存在する。そして2,001名以上10,000名以下の会社においてさえも22社存在していることは驚きでさえある[3]。従業員何人に対して、あるいは売上高いくらに対して内部監査担当部門所属員数が何人必要かは、なかなか定式化できるものではないが、図表6-2を見る限りわが国の会社において有効な内部監査を実施できる体制ができあがっているとは言い難い状況である。内部監査部門の大幅な員数増強が望ま

2　小西［2006］（4ページ）も「内部統制が盛んに取り上げられるのを眺めながら、経営者による会計上の不正に対して内部統制が過大に期待されることに一抹の不安を感じている。」と述べている。

3　日本内部監査協会［2008］17ページ。

図表 6-2　内部監査担当部門の員数（専任）

員数（名）	2007 年	2003 年	2000 年	1997 年
1 名（3 名以下）	333 社（24.0%）	276 社（26.9%）	303 社（35.1%）	611 社（67.1%）
2 名	319 社（23.0%）	202 社（19.7%）	161 社（18.6%）	—
3 名	165 社（11.9%）	132 社（12.9%）	111 社（12.8%）	—
4 名（4 名以上 6 名以下）	132 社（ 9.5%）	100 社（ 9.8%）	68 社（ 7.9%）	164 社（18.0%）
5 名	72 社（ 5.2%）	51 社（ 5.0%）	49 社（ 5.7%）	—
6 名	60 社（ 4.3%）	54 社（ 5.3%）	38 社（ 4.4%）	—
7 名（7 名以上 9 名以下）	48 社（ 3.5%）	38 社（ 3.7%）	27 社（ 3.1%）	52 社（ 5.7%）
8 名	31 社（ 2.2%）	13 社（ 1.3%）	13 社（ 1.5%）	—
9 名	20 社（ 1.4%）	18 社（ 1.8%）	12 社（ 1.4%）	—
10 名以上 14 名以下（10 名以上 15 名以下）	87 社（ 6.3%）	45 社（ 4.4%）	28 社（ 3.2%）	28 社（ 3.1%）
15 名以上 24 名以下（16 名以上 25 名以下）	55 社（ 4.0%）	43 社（ 4.2%）	28 社（ 3.2%）	35 社（ 3.8%）
25 名以上 49 名以下（26 名以上 50 名以下）	43 社（ 3.1%）	42 社（ 4.1%）	21 社（ 2.4%）	16 社（ 1.8%）
50 名以上（51 名以上）	22 社（ 1.6%）	11 社（ 1.1%）	5 社（ 0.6%）	4 社（ 0.4%）
企業数合計	1,387 社	1,025 社	864 社	910 社

注：「員数（名）」欄の括弧内の数字は、1997 年調査までの員数区分であることを示す。
出所：『2007 年監査白書』16 ページ。

れる。

5-2. 内部監査担当部門の組織上の所属形態

内部監査部門の組織上の所属形態はトップ直属形態によるものが 88.4%で、わが国の内部監査としての大勢であると言える。その中でも社長直属が 76.8%と最も多く、取締役会直属は 3.6%である。前述したとおり、これでは社長をはじめ執行役（員）の行為がチェックできるのか疑問である（図表 6-3）。

図表 6-3　誰に内部監査結果を報告するか

内部監査担当部門の組織上の所属形態				
所属形態	2007 年	2003 年	2000 年	1997 年
①トップ直属形態				
＊社長（会長等）に直属	1,115 社（76.8%）	688 社（66.9%）	604 社（69.7%）	611 社（67.1%）
＊取締役会に直属	52 社（ 3.6%）	48 社（ 4.7%）	9 社（ 1.0%）	—
＊その他の役員に直属	116 社（ 8.0%）	123 社（12.0%）	81 社（ 9.4%）	122 社（13.4%）
②特定部門に所属	51 社（ 3.5%）	57 社（ 5.5%）	81 社（ 9.4%）	51 社（ 5.6%）
③他部門と並列	79 社（ 5.4%）	90 社（ 8.8%）	78 社（ 9.0%）	96 社（10.6%）

出所：『2007 年監査白書』11 ページ。

6. コーポレート・ガバナンス上の課題

『内部監査基準』の「組織体のガバナンス・プロセスの有効性について検討・評価する」という内部監査の本質からすれば、内部監査には前述のとおりガバナンスのトップ、すなわち経営者たる社長の行為チェックを含むものと解すべきである。社長および執行役を監督するのが、監査役設置会社では監査役会、委員会設置会社では監査委員会であるため、内部監査結果は社長にではなく、監査役会または監査委員会へ最優先に報告されるべきである。また取締役会を構成する独立取締役にも優先的に報告されるべきであろう。ところが、わが国では業務執行と経営監督が分離していない企業が多く、独立した取締役が必ずしも多くはない。社長などの代表執行役が代表取締役を兼務している場合が多いというコーポレート・ガバナンス上の課題が存在している。

調査によれば、わが国における会社の取締役数の平均は、監査役設置会社が 9.8 人、委員会設置会社が 9.5 人となっている[4]。法は、執行と監督を分離させ有効なコーポレート・ガバナンスの実現のため、経営監督を任務とする取締役とは分離させて、監査役設置会社においては執行役員（執行役員は法定ではない

4　日本監査役協会（編）［2001］42 ページ。

が）を、委員会設置会社においては執行役を設け業務執行を担当させたはずが、監査役設置会社における執行役員数平均14.8人のうち4.2人が、そして委員会設置会社における執行役数13.9人のうち3.5人が取締役兼務である[5]。日本取締役協会のアンケート調査によれば、取締役会の議長には会長が36%、社長が61%と、合計97%の内部昇進経営者が就任していることが明らかになった[6]。さらにJCGR調査によれば、約7割の企業で最高経営責任者（CEO）が取締役会会長（議長）を兼務している実態も報告されている[7]。東京証券取引所のアンケート調査においても、取締役会の議長には、1,379社中の1,322社（95.9%）において代表権のある社内取締役が就任している[8]。

この点においてアメリカでは、拡大S&P 1,500社中の1,275社を対象とした調査（2004年）によれば、88%の取締役会において独立社外取締役が過半数を占め（5年前は74%）、35%の会社では、取締役会会長職とCEO職が分離されている。そして、42%の会社が筆頭取締役（取締役会会長・議長）を置いており（3年前は3%）、その筆頭取締役の90%は独立取締役である[9]。以上のとおり、SOX法導入後、コーポレート・ガバナンスの改善が図られてきていることが分かる。

イギリスにおいても、Conyon, M. J. の調査によれば、(1) 取締役会に占める非業務執行取締役（社外取締役）の割合は、1988年が35.9%だったものが1993年には41.3%に、(2) 取締役会会長と最高経営責任者（CEO）の分離は、1988年には54.9%だったものが1993年には74.5%に増加している[10]。

わが国においても、有効なコーポレート・ガバナンスの実現のためには、取締役会議長（会長）と代表執行役（員）の分離を推進すべきであろう。

5　同上書、43ページ。
6　日本取締役協会［2003］3ページ。
7　若杉（監修）［2008］94-95ページ。
8　東京証券取引所［2005］12ページ。
9　Personick［2000］pp.7-22.　関［2006］31-32ページ。
10　日本コーポレート・ガバナンス・フォーラム（編）［2001］32-33ページ。
Conyon［1994］pp.91-93.

7. 内部通報制度

2006年4月に、わが国において「公益通報者保護法」が施行された。内部通報制度は、企業内に存在する違法、不正な行為を早期に発見し、企業自らの手でこれを是正しようとするコンプライアンス実現のための制度である。

鳥羽［2007］の調査によれば、調査した公開会社949社中、半数以上（504社、53.3%）が取締役および使用人の職務執行の適法性を担保する体制として「内部通報制度」を重視しているという[11]。これは本章（図表6-1）の調査会社69社中46社（66.6%）が内部通報規定ありという結果にも表れている。また、JCGR調査によれば、「ヘルプライン」、「ホットライン」など内部通報制度については、回答企業の9割以上が設置しているという[12]。以上のことから、不祥事の防止のための仕組みとして同制度が広く普及していることがうかがえる。

経団連も、2007年に続いて2008年9月にも、「企業倫理徹底のお願い」を発表し、会員会社に行動指針の策定、担当部署の設置、企業倫理ヘルプラインの開設等、コンプライアンス体制の強化を求めている。法令の遵守、企業倫理の確立、CSRへの積極的な取り組みを図ろうとしているのである。しかしヘルプラインによって経営トップに直接情報が伝わる特別なルートを常設しようとしている（日本経済団体連合会、2007年、64ページ）ことには問題があるのではないだろうか。それは経営トップが関与する不正に対処できなくなるからである。また通報者の保護を考慮すれば、内部窓口ではなく、顧問弁護士など外部窓口が好ましいと言えるが、外部通報窓口の弁護士が通報者の実名を会社側に漏らすという事件[13]も起きている現実を注視しなければならない。内部通報制度の整備・充実こそが、内部監査および監査役監査（監査委員会監査）の限界を補っ

11　鳥羽［2007］43-45ページ。

12　若杉（監修）［2008］104-105ページ。

13　トヨタ自動車販売協会の外部通報窓口を務める弁護士が、内部告発を実名で受け付け匿名で会社側に知らせるべきところ、実名を会社側に漏らしたことで、弁護士会から戒告処分を受けた（『朝日新聞』2009年3月12日付、朝刊）。

てくれるのではないかと期待されるが、利用促進や通報者保護の観点からの課題も少なくないと言える。

8. むすび

本章では以下の点を明らかにした。

経営者主導の不正が頻発していることを考えると、内部監査部門は社長やCEOの直属であってはならず、独立取締役または独立監査役に直属させるべきである。また図表6-2を見る限り、わが国において有効な内部監査を実施できる人員体制ができあがっているとは言い難い状況であるため、内部監査部門の大幅な員数増強が望まれる。そして内部監査結果を最優先に報告すべきは社長ではなく、取締役会を構成する独立した取締役に対してであると考えるべきである。

さらに、わが国の有効なコーポレート・ガバナンス実現のためには、取締役会議長（会長）と代表執行役（員）の分離を推進すべきである。最後に、内部通報制度の整備・充実こそが、内部監査および監査役監査（監査委員会監査・監査等委員会監査）の固有の限界を補ってくれる可能性があることを記して結論とする。

【参考文献】

Conyon, M. J.［1994］"Corporate Governance Changes in UK Companies Between 1988 and 1993", *Corporate Governance*, Vol.2, No.2.
Personick, M. E.［2000］"The Election of Directors, Board Independence and Related Issues", *IRRC Background Report*, IRRC.
アメリカ会計学会・監査セクション作業部会（著）・松井隆幸（訳）［2002］『独立性と客観性』。
石屋製菓コンプライアンス確立外部委員会［2007］『報告書』。
企業会計審議会［2007］『財務報告に係る内部統制の評価及び監査の基準並びに財務報告に係る内部統制の評価及び監査に関する実施基準の改訂に関する意見書』。
國廣正・五味祐子・青木正賢・芝昭彦［2006］『コンプライアンスのための内部通報制度』日本経済新聞社。
小西一正［2006］「近年の内部統制の展開について」『企業会計』中央経済社、第58巻7号。
島崎主税［2007］『概説内部監査』税務経理協会。

関孝哉［2008］『コーポレート・ガバナンスとアカウンタビリティ論』商事法務。
東京証券取引所［2003］『コーポレート・ガバナンスに関するアンケートの調査結果について』。
鳥羽至英［2007］「会社法下における内部統制システム構築への船出」『月刊監査役』522号。
日本監査役協会（編）［2008］「監査役会・監査委員会の実態」『別冊商事法務』322号。
日本経済団体連合会［2007］「企業行動憲章実行の手引き」（第5版）。
日本コーポレート・ガバナンス・フォーラム編［2001］『コーポレート・ガバナンス—英国の企業改革』商事法務研究会。
日本取締役協会［2005］『CEOに関するアンケート調査』。
日本内部監査協会［2004］『内部監査基準』。
——［2008］『2007年監査白書』。
松井隆幸（編著）［2007］『内部監査機能』同文舘出版。
若杉敬明（監修）［2008］『コーポレート・ガバナンスマニュアル—21世紀日本企業の条件（第2版）』中央経済社。

第7章 コーポレート・ガバナンスの観点からみた『監査白書2014』

1. はじめに

日本内部監査協会は3〜4年ごとに内部監査の総合実態調査としての『監査白書』を公表している。そこで本章では、直近の『監査白書2014』についてコーポレート・ガバナンスの観点から分析していきたい。

この白書作成の基礎となった調査においては、組織的に何らかの形で内部監査を担当する部門ないし人を定め、組織体のために、しかも組織体内部の者が責任を持って監査を実施しているとみられる組織体を可能な限り網羅するように努められている。したがって、事業目的や組織体、特に会社の形態の如何を問わず内部監査の実施が想定される株式会社を調査対象候補としている。

2. 『監査白書2014』の内容分析

2-1. 内部監査部門の所属形態

同白書では、内部監査部門の所属形態を次のとおり3つに分類している。図表7-1から分かるように、①の「トップ直属形態」によるものが90.2%と最も多く、その中でも特に「社長（会長等）に直属」は、79.1%と他の形態に対して抜きん出ている。次に②の「他部門と並列」のタイプを採用している会社は64

図表 7-1　内部監査部門の所属形態

所属形態	2014 年	2010 年	2007 年
①トップ直属形態 ※社長（会長）に直属 ※取締役会に直属 ※その他役員に直属	 1,324 社（79.1%） 60 社（ 3.6%） 125 社（ 7.5%）	 1,619 社（79.6%） 82 社（ 4.0%） 141 社（ 6.9%）	 1,115 社（76.8%） 52 社（ 3.6%） 116 社（ 8.0%）
②他部門と並列	64 社（ 3.8%）	79 社（ 3.9%）	79 社（ 5.4%）
③特定部門に所属	57 社（ 3.4%）	60 社（ 2.9%）	51 社（ 3.5%）

出所：『2014 年監査白書』11 ページ。

社（3.8%）であった。③の「特定部門に所属」のタイプは、2000 年の調査の 81 社（9.4%）から今回（2014 年）の調査では 57 社（3.4%）にまで減少した。かつて通商産業省産業合理化審議会「内部統制の大綱」が公表されたころ（1951 年）には、コントローラーの下に内部監査を所属させるアメリカ式が一般的であり、1958 年の調査ではその形態が 38%を占めていたことを考えると大きな変化であると言える。

筆者が 2011 年に行った食品業界の分析[1]でも内部監査部門は社長（会長）直属の場合が多く、誰に報告しているかを見ても、代表取締役社長がほとんどであった。『財務報告に係る内部統制の評価及び監査の基準（以下『内部統制の基準』）』や『内部監査基準』において、経営者直属の内部監査人が予定されているため無理もないが、「経営者が不当な目的のために内部統制を無視ないし無効ならしめることがある」（『内部統制の基準』Ⅰ.3）とあるように、経営者の行為をチェックするには内部統制の限界が存在する。『内部統制の基準』が規定する「統制環境」には、経営者の誠実性および倫理観が含まれていることから、経営者の構築する内部統制には経営者自身もその対象として含まれるというべきであるが、現実的な運用では往々にして経営者自身が内部統制の埒外に置かれやすく、内部監査の対象にもならないことが多いため、内部統制によって経営者の関与する不祥事を防止するには限界がある。経営者不正に対しては、経営者

1　「内部監査とコーポレート・ガバナンス」『世界同時不況と経営・会計の課題』愛知工業大学大学院高度化推進経費研究成果、愛知工業大学経営情報科学研究科、2010 年。

の構築する内部統制に依拠せずに監査をする必要があるが、現実にはそれも困難である。経営者主導の不正が頻発していることを考えると、独立性を保持した内部監査人が、独立取締役や独立監査役に直属する形が求められる。

2-2.「監査役（会）に直属」させている会社

内部監査と監査役監査の連携の重要性が増大しているにもかかわらず「監査役（会）に直属」させている会社は図表7-2のとおり数社である。

『内部監査基準』の「組織体のガバナンス・プロセスの有効性について検討・評価する」という内部監査の本質からすれば、内部監査の目的にはガバナンスのトップ、すなわち経営者たる社長の行為チェックを含むものと解すべきである。社長および執行役を監督するのが、監査役設置会社では監査役（会）、委員会設置会社では監査委員会であるため、内部監査結果は社長にではなく、監査役（会）または監査委員会へ最優先に報告されるべきであると考える。また取締役会を構成する独立取締役にも優先的に報告されるべきであろう。ところが、わが国では業務執行と経営監督が分離していない会社が多く、経営者から独立した取締役が必ずしも多くはない。社長などの代表執行役が代表取締役を兼務している場合が多いというコーポレート・ガバナンス上の大きな課題が存在している。

わが国において有効なコーポレート・ガバナンスを実現するためには、取締役会議長（会長）と代表執行役（員）の分離を推進すべきであろう。社長（会長）をはじめとした経営者が実質的に監査役を選任し、その監査役が自分を選任してくれた恩ある経営者をチェックできないという現状を改善していかなければならない。そのためには、内部昇進監査役ではなく独立性ある社外監査役

図表7-2　監査役（会）に直属させている会社数

2014年	2010年	2007年	2003年
3社（0.2%）	3社（0.1%）	5社（0.3%）	7社（0.7%）

出所：『2014年監査白書』12ページ。

が望ましいと言えるが、現実には社外監査役においても社長（会長）の知人が就任するケースが少なくなく、コーポレート・ガバナンスの観点からは、社外監査役制度についての再検討が必要であると考える。

内部監査部門は、英米と同様、日本においても会社法、同施行規則等による法的位置づけはない。したがって監査役と内部監査部門との連携については、必ずしも法的に担保されたものではなく、また監査制度内に設計されているものでもない。現在でも監査役監査基準第37条には監査役と内部監査部門の連携の規定はあるものの、それはあくまで監査役の判断で行われている。したがって三様監査における監査役と内部監査部門の連携は、監査役と公認会計士（監査法人）の連携と比べた場合、相対的に脆弱である。

監査役会がその責務を実効的に果たし、企業価値の向上に資するという視点では、監査役と内部監査部門の連携がますます重要になっており、コーポレートガバナンス・コード補充原則4-13③が、監査役と内部監査部門の連携を求めているのもこうした背景がある。

『監査役監査基準』では、内部監査部門との連携について、次のような基準を設けてその重要性を強調している。(1) 監査役は、会社の業務および財産の状況を調査、その他の監査職務の執行に当たり、内部監査部門と緊密な連係を保ち、効率的な監査を実施するよう努めなければならない（『監査役監査基準』32条1項）。(2) 監査役は、内部監査部門からその監査計画と監査結果について定期的に報告を受け、必要に応じて調査を求めるものとする。また、内部監査部門の監査結果を、内部統制システムに係る監査役監査に実効的に活用すること（同条2項）。(3) 監査役は、取締役の他、コンプライアンス所管部門、リスク管理所管部門、経理部門、財務部門、その他内部統制機能を所管する部署（「内部統制部門」という）から内部統制システムの整備状況について定期的かつ随時に報告を受け、必要に応じて説明を求めなければならない（同条3項）。

2-3. 資本金の大小による内部監査部門の組織上の所属形態

資本金の大小による内部監査部門の組織上の所属形態を図表7-3で見てみる

図表 7-3　資本金の大小による内部監査部門の組織上の所属形態

所属形態	2014年		2010年	
	100億円未満（471社）	100億円以上（1,025社）	100億円未満（1,074社）	100億円以上（816社）
①トップ直属形態				
※社長（会長）に直属	403社（85.6%）	793社（77.4%）	924社（86.0%）	583社（71.4%）
※取締役会に直属	14社（ 3.0%）	38社（ 3.7%）	28社（ 2.6%）	46社（ 5.6%）
※その他役員に直属	13社（ 2.8%）	99社（ 9.7%）	42社（ 3.9%）	90社（11.0%）
②他部門と並列	12社（ 2.5%）	44社（ 4.3%）	29社（ 2.7%）	47社（ 5.8%）
③特定部門に所属	23社（ 4.9%）	29社（ 2.8%）	35社（ 3.3%）	22社（ 2.7%）

出所：『2014年監査白書』13ページ。

と、社長（会長）に直属している形態は、2010年と2014年を比べると、資本金100億円未満の会社では924社（86%）から403社（85.6%）へと割合には大きな変化はない。一方、100億円以上の会社では、583社（71.4%）から793社（77.4%）に増大している。

2-4. 内部監査部門の人員数

図表7-4を見ると『監査白書 2014』では、内部監査部門の人員数は、他部門からの兼務者を除くと1～3名の会社が調査回答会社数1,454社中801社（55.1%）であり、前回の調査結果57.4%より2.3%、前々回の調査結果58.9%より3.8%、2003年の調査結果59.5%より4.4%と若干低くなっている。つまり1～3名という少人数の会社が多少減少していることを表わしている。また今回の調査では、1名と回答した会社が20.6%と、前回の調査結果21.3%より0.7%低下した。「6名以下」の会社は76.8%で、2003年の79.5%、2007年の77.9%、2010年の78.0%とほぼ同水準であった。

内部監査人は、内部統制の目的をより効果的に達成するために、内部統制の基本的要素の1つであるモニタリングの一環として、内部統制の整備・運用状況を検討・評価し、必要に応じてその改善を促す職務を担っているわけであり、その作業には多大な時間と労力を必要とする。にもかかわらず内部監査部門の

図表 7-4　内部監査部門の人員数（専任）

人員数（名）	2014年	2010年	2007年	2003年
1名	300社（20.6%）	381社（21.3%）	333社（24.0%）	276社（26.9%）
2名	295社（20.3%）	391社（21.9%）	319社（23.0%）	202社（19.7%）
3名	206社（14.2%）	255社（14.3%）	165社（11.9%）	132社（12.9%）
4名	133社（ 9.1%）	185社（10.3%）	132社（ 9.5%）	100社（ 9.8%）
5名	110社（ 7.6%）	100社（ 5.6%）	72社（ 5.2%）	51社（ 5.0%）
6名	73社（ 5.0%）	83社（ 4.6%）	60社（ 4.3%）	54社（ 5.3%）
7名	44社（ 3.0%）	51社（ 2.9%）	48社（ 3.5%）	38社（ 3.7%）
8名	34社（ 2.4%）	56社（ 3.1%）	31社（ 2.2%）	13社（ 1.3%）
9名	35社（ 2.4%）	27社（ 1.5%）	20社（ 1.4%）	18社（ 1.8%）
10名以上14名以下	82社（ 5.6%）	94社（ 5.3%）	87社（ 6.3%）	45社（ 4.4%）
15名以上24名以下	75社（ 5.2%）	79社（ 4.4%）	55社（ 4.0%）	43社（ 4.2%）
25名以上49名以下	49社（ 3.4%）	60社（ 3.4%）	43社（ 3.1%）	42社（ 4.1%）
50名以上	18社（ 1.2%）	27社（ 1.5%）	22社（ 1.6%）	11社（ 1.1%）

出所：『2014年監査白書』16-17ページ。

専任員数は多いとは言えない。『監査白書 2007』のデータによれば1～3名の部分を合計したものが全体の58.9%と最も多い。わずか1～3名でどのような内部監査ができているのだろうか。『監査白書 2014』においても、1～3名の員数の会社は前述のとおり多少減少したとはいえ801社（55.1%）存在していることが明らかになっており、員数の増強が望まれる。

『監査白書 2014』では、従業員数と内部監査担当部門所属員数との関係も示している（図表 7-5）が、1名しか配置されていないケースを会社の規模別に見れば従業員数500名以下の会社では479社中193社、501名以上1,000名以下の会社でも62社存在する。さらに2,001名以上10,000名以下の会社でも313社中15社存在し、10,000～30,000名の会社においてさえ1社存在しているが、これらの現実は驚きでさえある。内部監査などする気がないことを意思表示しているようなものである。

従業員何人に対して、あるいは売上高いくらに対して内部監査担当部門所属員数が何人必要かという理想像は、なかなか定式化できるものではないが、わ

図表7-5　内部監査部門の人員数（専任）

人員数 従業員数	1名	2名	3名	4名	5名	6名	7名	8名	9名	10〜24名	25〜49名	50名以上	合計
	（社）	（社）	（社）	（社）	（社）	（社）	（社）	（社）	（社）	（社）	（社）	（社）	（社）
100名以下	40	23	12	3	1	4	—	—	—	2	1	—	86
101〜200名	53	30	20	9	4	1	—	1	—	4	—	—	122
201〜300名	50	16	18	8	5	1	1	1	—	1	—	—	101
301〜500名	50	46	26	18	13	6	4	2	1	4	—	—	170
501〜1,000名	62	89	57	26	15	19	10	2	8	13	1	—	302
1,001〜2,000名	22	50	35	36	23	16	8	5	6	24	4	—	229
2,001〜3,000名	6	13	16	11	16	7	6	1	5	13	8	—	102
3,001〜5,000名	7	16	14	4	14	10	9	8	4	33	7	2	128
5,001〜10,000名	2	3	5	9	10	1	3	5	5	25	7	8	83
10,001〜30,000名	1	2	2	3	4	4	2	6	6	19	16	5	70
30,001〜100,000名	—	—	1	1	2	1	—	1	—	11	4	2	23
100,000名超	—	—	—	—	—	—	—	—	—	3	1	—	4
合計（社）	293	288	206	128	107	70	43	32	35	152	49	17	1,420
比率（%）	20.6	20.3	14.5	9.0	7.5	4.9	3.0	2.3	2.5	10.7	3.5	1.2	

出所：『2014年監査白書』18ページ。

が国の会社において有効な内部監査を実施できる体制ができあがっているとは言い難い状況である。内部監査部門の大幅な員数増強が望まれる。

2-5. 内部監査部門長の人事承認者

図表 7-6 によれば、内部監査部門長の人事承認者は 60% 近くの会社で社長（会長）である。日本内部監査協会『内部監査基準』（2.2.1）によれば、「内部監査部門は、組織上、最高経営者に直属し、職務上取締役会からの支持を受け、同時に、取締役会および監査役会または監査委員会への報告経路を確保しなければならない。」とされている。「内部監査部門は、組織上、最高経営者に直属し」と明記されているので、内部監査部門長の人事承認者は社長（会長）であって当然なのかもしれないが、これでは最高経営者の指示による不正は防止できない。

図表 7-6　内部監査部門長の人事承認者

承認者	会社数（比率）
社長（会長）	981 社（59.1%）
取締役会	528 社（31.8%）
常務会・経営会議	97 社（ 5.8%）
監査担当役員	24 社（ 1.4%）
監査役（会）または監査委員会	4 社（ 0.2%）
執行役	4 社（ 0.2%）
その他	22 社（ 1.3%）

出所：『2014 年監査白書』30 ページ。

2-6. 内部監査部門と取締役会との関係

2-6-1. 取締役会から内部監査部門への情報伝達

取締役会から内部監査部門へ直接に情報の伝達が行われているかについての調査結果は図表 7-7 のとおりである。

取締役会と内部監査部門との機能的関係の程度について、取締役会から内部監査部門へ直接に情報の伝達が行われているかについては、22.1% が「行われている」であった。この数字は高いと受け止めるべきではなくもっと推進され

図表 7-7　取締役会から内部監査部門への情報の伝達

行われている	366 社（22.1%）
行われていない	1,290 社（77.9%）

出所：『2014 年監査白書』75 ページ。

るべきであると考える。

内部監査部門と取締役会の関係について『内部監査基準』(5.7.1) では、「内部監査部門長は、内部監査計画に基づいて実施された監査の目標、範囲およびその結果について、定期的に最高経営者および取締役会に報告しなければならない。また、これらに加えて、ガバナンス・プロセス、リスク・マネジメントおよびコントロールに係る問題点、その他最高経営者または取締役会によって必要とされる事項も報告しなければならない。」と規定されている。さらに『内部監査基準』(8.1.1) では、「内部監査部門長は、内部監査の結果を、最高経営者、取締役会、監査役（会）または監査委員会に報告しなければならない。」と規定されている。また『内部監査基準』(8.1.3) において「内部監査人は、意見の表明にあたって、最高経営者、取締役会のニーズを考慮しなければならない。」と規定されている。さらに『内部監査基準』(8.4.1) において、「内部監査部門長は、アドバイザリー業務の遂行課程において、ガバナンス・プロセス、リスク・マネジメントおよびコントロールに関しアシュアランス業務の対象とすべき問題が識別され、かつ、それが組織体にとって需要と判断される場合には、当該事項を最高経営者および取締役会に報告しなければならない。」と規定されている。このように両者には密接な連携が必要になってくるわけである。

2-6-2. 内部監査部門長の取締役会陪席頻度

図表 7-8 によれば、内部監査部門長の取締役会陪席頻度については、約３分の１の会社が「すべての取締役会に陪席する」または「取締役会からの要請がある場合のみ陪席する」と回答している。2-6-1 でも述べたように、内部監査部門と取締役会の関係は、密接な協力関係を維持しなければならないことが分

図表 7-8　内部監査部門長の取締役会陪席頻度

すべての取締役会に陪席する	235 社（14.4%）
取締役会からの要請がある場合のみ陪席する	282 社（17.2%）
取締役会には陪席しない	1,054 社（64.4%）

出所：『2014 年監査白書』75 ページ。

かる。

2-6-3. 社外取締役制度の設置の有無

社外取締役制度の設置の有無については図表 7-9 のとおり、「設置している」という回答が 68.5% であった。2015 年 6 月に東京証券取引所が「コーポレートガバナンス・コード」を導入した。これにより上場企業に独立性の高い社外取締役 2 人以上の選任を求めるようになったことで、今後は社外取締役が大幅に増加していくことが予想される。

図表 7-9　社外取締役制度の有無

設置している	1,135 社（68.5%）
設置していない	521 社（31.5%）

出所：『2014 年監査白書』76 ページ。

2-7. 内部監査部門と監査役（会）との関係

2-7-1. 監査役（会）から内部監査部門への情報伝達の有無

図表 7-10 によれば、「監査役（会）から内部監査部門への情報提供が行われているか」という設問に、「行われている」916 社（57.8%）、「一部について行われている」470 社（29.7%）という結果が示されている。これはおおむね満足できる結果ではあるが、「行われていない」という会社が 199 社（12.5%）あることは無視できない。

『内部監査基準』（5.5.1）において、「内部監査部門長は、適切な監査範囲を確保し、かつ、業務の重複を最小限に抑えるために、外部監査人、監査役（会）、

図表7-10　監査役（会）から内部監査部門への情報伝達の有無

情報伝達の有無	2014年	2010年	2007年
行われている	916社（57.8%）	1,141社（59.4%）	1,137社（82.2%）
一部について行われている	470社（29.7%）	562社（29.3%）	—
行われていない（全般的）	199社（12.5%）	218社（11.3%）	247社（17.8%）

出所：『2014年監査白書』77ページ。

または監査委員会等との連携を考慮しなければならない。」と規定されている。両者には密接な連携・協力関係が必要である。両者間における情報交換は、さらに積極的に行っていく必要がある。さらに『内部監査基準』(2.2.1) では、「内部監査部門は、組織上、最高経営者に直属し、職務上取締役会から指示を受け、同時に、取締役会および監査役（会）または監査委員会への報告経路を確保しなければならない。」と規定されている。

平成29年度の第84回監査役全国会議のテーマは「コーポレート・ガバナンスの実効性確保に向けて―内部監査部門との連携強化に向けた取り組み」となっていることからも分かる通り、監査役監査の側面からしても内部監査部門の重要性は大きい。

2-7-2. 監査役（会）が内部監査部門に対し伝達している情報の内容

監査役（会）が内部監査部門に対し伝達している情報の内容を2010年の回答と比較すると次のようになる。「監査方針」については1,170社（70.4%）から839社（61.6%）に、「監査結果」については1,156社（69.5%）から917社（67.3%）に、「監査日程」については981社（59.0%）から739社（54.3%）に、「監査箇所」については944社（56.8%）から689社（50.5%）にそれぞれ減少している。複数回答が原因でもあるかもしれないが、両者間における情報伝達が停滞しているとすれば問題であろう（図表7-11）。

図表 7-11　監査役（会）が内部監査部門に対し伝達している情報の内容（複数回答）

情報の内容	2014年	2010年
監査方針	839社（61.6%）	1,170社（70.4%）
監査結果	917社（67.3%）	1,156社（69.5%）
監査日程	739社（54.3%）	981社（59.0%）
監査箇所	689社（50.5%）	944社（56.8%）
監査範囲・項目	650社（47.7%）	—
取締役会関連の情報	505社（37.1%）	—
その他	35社（ 2.6%）	37社（ 2.2%）

出所：『2014年監査白書』77ページ。

2-7-3. 内部監査部門が監査役（会）に対し伝達している情報の内容

内部監査部門が監査役（会）に対し伝達している情報の内容を2010年の回答と比較すると次のようになる。図表7-11に続き図表7-12でも両者間での情報伝達が盛んになっていないことがうかがえる。「監査計画」は1,518社（89.8%）から1,339社（84.9%）に、「監査状況」は1,256社（74.3%）から1,112社（70.5%）に、「監査結果」は1,681社（99.5%）から1,534社（97.3%）に減少している。さらに「伝達していない」が5社（0.3%）から31社（2.0%）に増加していることが気がかりである。

図表 7-12　内部監査部門が監査役（会）に対し伝達している情報の内容（複数回答）

情報の内容	2014年	2010年
監査計画	1,339社（84.9%）	1,518社（89.8%）
監査状況	1,112社（70.5%）	1,256社（74.3%）
監査結果	1,534社（97.3%）	1,681社（99.5%）
伝達していない	31社（ 2.0%）	5社（ 0.3%）
その他	18社（ 1.1%）	—

出所：『2014年監査白書』78ページ。

2-7-4. 内部監査部門が監査役（会）へ「監査結果」を伝達している場合の時期

内部監査部門が監査役（会）へ「監査結果」を伝達している場合の時期を2010年調査時と比較すれば、図表7-13の通りである。「監査実施の都度」に内部監査部門が監査役（会）へ「監査結果」を伝達している場合は、1,047社（63.6%）から882社（57.8%）に減少している。その一方で「四半期ごと」は158社（9.6%）から192社（12.6%）に増加している。「1カ月ごと」は280社（17.0%）から275社（18.0%）と、ほぼ横ばいであった。「監査実施の都度」が減少してしまった原因は、頻繁すぎて煩雑だということなのか、それは内部監査部門がそう思うのか、監査役会がそう思うのか、知りたいところである。「1年に1回」しか内部監査部門が監査役（会）へ「監査結果」を伝達している会社が、45社（2.7%）から51社（3.3%）に増加しているのも気になるところである。

図表7-13　「監査結果」を伝達している場合の時期

時期（頻度）	2014年	2010年
監査実施の都度	882社（57.8%）	1,047社（63.6%）
1カ月ごと	275社（18.0%）	280社（17.0%）
四半期ごと	192社（12.6%）	158社（ 9.6%）
半年ごと	97社（ 6.4%）	91社（ 5.5%）
1年ごと	51社（ 3.3%）	45社（ 2.7%）
その他	28社（ 1.8%）	26社（ 1.6%）

出所：『2014年監査白書』78ページ。

2-7-5. 内部監査部門と監査役（会）の情報交換頻度

内部監査部門と監査役（会）の情報交換頻度については、図表7-14のとおりである。「必要な際にはいつでも」という回答が最も多かったが、そのことは裏を返せば必要と思わなければほとんど実施しないというケースになっていないか気になるところである。

図表 7-14　内部監査部門と監査役（会）の情報交換頻度

必要な際にはいつでも	1カ月ごと	四半期ごと	半年ごと	1年ごと	その他
892社（57.4%）	374社（24.1%）	156社（10.0%）	76社（4.9%）	19社（1.2%）	36社（2.3%）

出所：『2014年監査白書』78ページ。

3. 内部監査の定義の変遷

3-1. 内部監査協会（IIA）『意見書』と日本内部監査協会の『内部監査基準』

内部監査は従来、内部統制の有効性評価機能として理解されてきた。すなわち内部監査は、経営体の枠内における特定の者（特に経営者）または集団に奉仕することを目的とした同一経営体に属する他の者または集団に対する監査であった。したがって会社の従業員としての内部監査人が、経営者の行為をチェックするということは皆無であった。しかし、内部監査協会（IIA）『意見書』における定義の変遷を見ると、内部監査に求められるものは、大きく変貌してきていることが分かる。

1957年改訂の『意見書』では、「内部監査とは、経営管理者への奉仕の基礎として、会計、財務、及びその他の諸業務を検閲するための経営組織内の独立評定活動である。」と定義されていた。それが、1978年の『内部監査の職業的実務基準』では、「内部監査は組織体への奉仕として、組織活動を検査し、評価するために組織内に確立された独立評定機能である。内部監査が支援する組織体内の構成員は経営管理者と取締役会メンバーとからなる。内部監査人は、これらの双方に対して組織体の内部統制システムの妥当性や有効性、及び執行部門に課せられた責任遂行上の成果の検討・評価を提供する責任を負う。」というように、「経営者への奉仕」から「組織体への奉仕」に変化した。さらに、1999年の『内部監査の専門職的実施の基準』においては、「内部監査は、組織体の運営に関し価値を付加し、また改善するために行われる、独立にして客観的な、保証及びコンサルティング活動である。内部監査は、組織体の目標の達成に役立つことにある。このために、内部監査は体系的手法と規律遵守の態度とをもって、リスク・マネジメント、コントロール及び組織体の統治プロセスの有効性を評価し改善する。」とされた。

2004年に改訂された日本内部監査協会の『内部監査基準』も、IIAの1999年『基準』の影響を受けている。同協会の『内部監査基準』は（1）1.「内部監査の本質」において、「内部監査とは、組織体の経営目的の効果的な達成に役立つことを目的として、合法性と合理性の観点から公正かつ独立の立場で、経営諸活動の遂行状況を検討評価し、これに基づいて意見を述べ、助言・勧告を行う監査業務、及び特定の経営諸活動の支援を行う診断業務である。これらの業務では、リスク・マネジメント、コントロール及び組織体のガバナンス・プロセスの有効性について検討・評価し、この結果としての意見を述べ、その改善のための助言・勧告を行い、または支援を行うことが重視される。」としている。ここに「組織体のガバナンス・プロセスの有効性について検討・評価」するとは、ガバナンスのトップ、すなわち経営者たる社長の行為のチェックをも含むものと解すべきではなかろうか。そう解するならば『内部監査基準』（2）1.「内部監査の独立性と客観性」において、「内部監査機能は組織的に独立し、また、精神的にも客観的である必要がある。」との規定における、「組織的に独立し」とは、被監査部門に対してのみならず、社長はじめ執行役に対しても独立性を保持していることが必要であるということになる。それで初めて経営者不正をチェックできる体制が確立できるはずである。したがって内部監査は、社長やCEOに直属であってはならず、独立取締役または独立監査役に直属させるべきものであると筆者は考える。

3-2.　日本内部監査協会『内部監査基準』の改訂

日本内部監査協会は2014年に『内部監査基準』を改訂した。改訂の背景として第1に挙げられるのは、内部監査の法的環境の変化である。まず会社法が

2005年に制定され、企業統治をめぐる機関設計のあり方、業務の適正を確保するための体制、より高い透明性の要請等は、それらへの前提として内部監査が果たすべき役割への理解を強めた。これとともに金融商品取引法での内部統制報告書に対する公認会計士または監査法人による監査証明制度の行政的措置は、内部統制への知識を組織体およびその集団に対して劇的に広めた。第2に挙げられるのは、2004年以降の多数の会計不正事件の露見である。ここに内部監査においても不正リスクの識別を再考し、それに対する制度的対応を考慮せずにはいられなくなってきた。

『内部監査基準』の主な改訂点は、次のとおりである。

第1には、内部監査の独立性に関し、これまでは「組織上、原則として、最高経営者に直属し」とされていたが、これを「組織上、最高経営者に直属し、職務上取締役会から指示を受け」『内部監査基準』(2.2.1) とした。ガバナンスを重視する最近の外部環境を意識してのことである。第2には、内部監査人の責任および権限について、従来、「組織体の基本規定として明らかにされなければならない。」とされていたが、これを「組織体の基本規定として明記されなければならない。」『内部監査基準』(2.3.1) とし、内部監査部門長の責任として「当該基本規定を適時に見直し、最高経営者および取締役会の承認を得なければならない。」『内部監査基準』(2.3.2) とした。内部監査基本規定において内部監査人の責任および権限が明確にされ、常に適用可能であるようにすることを求めた。第3には、内部監査の品質管理は、これまでの内部監査基準においてもそれを実施することが求められていたが、定期的内部評価を「少なくとも年に1回、実施されなければならない。」『内部監査基準』(4.2.2) としたほか、外部評価についても「5年ごとに実施されることとする。」を「少なくとも5年ごとに実施されなければならない。」『内部監査基準』(4.2.3) と改め、内部監査部門自体のリスクに対応するために、内部監査の品質を向上するための一方法として内部評価と外部評価の実施を求めることにした。

4. むすび

『監査白書2014』を検討した結果、次のことを指摘したい。

まず、経営者主導の不正が頻発していることを考えると、内部監査部門は社長（会長）やCEOの直属であってはならず、独立取締役または独立監査役に直属させるべきである。また、わが国において有効な内部監査を実施するに足る人員体制ができあがっているとは言い難い状況であるため、内部監査部門の大幅な員数増強が望まれる。

そして内部監査結果を最優先に報告すべきは社長（会長）ではなく、独立した監査役および独立した取締役に対してであると考えるべきである。内部監査は社長（会長）など最高経営者に対する監視もなすべきであると筆者は考えることから、監査対象に含まれるべき社長（会長）に最優先で内部監査報告をするのは好ましくないからである。

【参考文献】

アメリカ会計学会・監査セクション作業部会（著）・松井隆幸（訳）[2002]『独立性と客観性：内部監査人のためのフレームワーク』。
企業会計審議会［2007］『財務報告に係る内部統制の評価及び監査の基準』。
小森清久［2008a］『アメリカ内部統制論』白桃書房。
――［2008b］「内部統制と内部監査」『愛知工業大学経営情報科学』第3巻2号、愛知工業大学大学院経営情報科学研究科。
――［2010］「内部監査とコーポレート・ガバナンス―わが国の食品業界を例として」『大学院高度化推進経費研究成果』愛知工業大学大学院経営情報科学研究科。
島崎主税［2007］『概説内部監査』税務経理協会。
関孝哉［2006］『コーポレート・ガバナンスとアカウンタビリティー』商事法務研究会。
日本監査役協会（編）［2008］「監査役会・監査委員会の実態」『別冊商事法務』322号。
日本取締役協会［2005］『「CEOに関するアンケート調査」報告』。
日本内部監査協会［2014］『内部監査基準』。
――［2001］『2000年監査白書』。
――［2008］『2007年監査白書』。
――［2015］『2014年監査白書』。
松井隆幸（編著）［2007］『内部監査機能』同文舘出版。
若杉敬明（監修）［2008］『コーポレートガバナンス・マニュアル―21世紀日本企業の条件（第

２版)』中央経済社。

第8章
「財務報告に係る内部統制の評価及び監査の基準」

1. 会社法の内部統制システム構築義務

2006年5月に施行された会社法では、委員会設置会社の他、大会社である監査役設置会社に対して、「取締役（委員会設置会社においては執行役）の職務の執行が法令及び定款に適合することを確保するための体制その他株式会社の業務の適性を確保するために必要なものとして法務省令で定める体制の整備」を取締役会において決定することを義務付けている（会社法348条3・4項、362条5項、416条2項）。会社法施行規則においても取締役会において決定すべき事項が規定されている（同規則98条、100条、112条）。

ちなみに、大会社である取締役会設置会社においては、取締役会において、取締役の職務の執行が法令および定款に適合することを確保するための体制の他、以下の体制の整備について決定することが義務付けられている（会社法施行規則100条1項）。

(1)　取締役の職務執行に係る情報の保存及び管理に関する体制
(2)　損失の危険の管理に関する規程その他の体制
(3)　取締役の職務の執行が効率的に行われることを確保するための体制
(4)　会社の使用人の職務の執行が法令及び定款に適合することを確保するための体制

(5) 次に掲げる体制その他の当該会社並びにその親会社及び子会社から成る企業集団における業務の適正性を確保するための体制

① 当該株式会社の子会社の取締役、執行役、業務を執行する社員、法第598条第1項の職務を行うべき者その他これらの者に相当する者の職務の執行に係る事項の当該会社への報告に関する体制

② 当該株式会社の子会社の損失の危険の管理に関する規程その他の体制

③ 当該株式会社の子会社の取締役等の職務の執行が効率的に行われることを確保するための体制

④ 当該株式会社の子会社の取締役等及び使用人の職務の執行が法令及び定款に適合することを確保する体制

このように会社法は、委員会設置会社（2014年の会社法改正により「指名委員会等設置会社」）の他、大会社である監査役設置会社に対して、会社の業務の適正を確保するための基本方針を決定することを義務付けているが、同法における内部統制システムには、コンプライアンス体制及びリスク管理体制を含んだ業務の適正を確保するための体制の他、監査役又は監査委員会による監査の実効性を確保するための体制が含まれている（同法100条3項）。また上記（5）のとおり「親会社及び子会社から成る企業集団における業務の適正性を確保するための体制」が求められていることも特筆されるべき点である。

以上のことより、当該会社の事業の規模や特性等に鑑みて、取締役会で決定された内部統制システムが会社の業務の適正を確保するために不十分であった場合には、その体制の決定に関与した取締役は、善管注意義務（会社法330条）違反に基づく任務懈怠責任（同法423条1項）を問われる可能性がある。

このように会社法上の内部統制は職務の執行が法令および定款に適合することなど、業務の適正性を確保することを狙いとしており、会社の業務の適正を確保するに十分な内部統制システムが構築されていれば、仮に従業員等による不正が発生しても取締役は個人責任を問われにくいということにもなる。

2. 金融商品取引法上の内部統制報告制度

金融商品取引法上の内部統制報告制度は、ディスクロージャー制度を巡る企業不祥事が相次いで発生したことを踏まえ、ディスクロージャーの信頼性を確保する上で、財務報告に係る内部統制の充実を図ることが重要であるとの観点から2007年に導入されたものである。一方、会社法に規定する内部統制システムは取締役等の善管注意義務を具体化したものと解すべきであり、両者の目的は必ずしも同じではない（神田秀樹『会社法』第18版、2016年３月、217ページ）が、金融商品取引法上の内部統制報告制度は、財務報告を行う過程でその信頼性を疑わせるような不適正な行為が行われることを防止し、投資者に対して適正な企業上告が開示される体制を確立することを主眼にしており、主に次の２つを義務付けている。

(1) 事業年度ごとに当該会社の属する企業集団及び当該会社に係る財務計算に関する書類その他の情報の適正性を確保するために必要なものとして内閣府令で定める体制について、内閣府令で定めるところにより評価した報告書（以下「内部統制報告書」いう。）を有価証券報告書と併せて内閣総理大臣に提出しなければならない（金融商品取引法第１項）。
(2) 提出する「財務計算に関する書類」には、その者と特別の利害関係のない公認会計士又は監査法人の監査証明を受けなければならない（同法第193条の２）。

財務報告に係る内部統制の評価及び監査は、2007年２月に企業会計審議会から公表（2011年３月改訂）された「財務報告に係る内部統制の評価及び監査の基準（以下「基準」という）」および「財務報告に係る内部統制の評価及び監査の実施基準（以下「実施基準」という）」を踏まえて実施されることになるが、これらの基準および実施基準では、内部統制の有効性の評価についてトップダウン型のリスク・アプローチが採用されている。

「実施基準」では、「全社的な内部統制の評価項目」において、具体的な評価項目を例示し、各企業が活用できるようにした。その結果を踏まえて、「業務プロセスに係る内部統制の評価範囲」において、トップダウン型のリスク・アプローチの考え方に基づく評価が適切に行われるよう、評価範囲の決定について絞り込みの方法を具体的に示している。

「意見書」は、「前文」に該当する部分と「本文」に該当する部分から構成されている。まず「前文」では、「意見書」公表に係る「審議の背景」、「基準の構成及び内容」、「実施基準の主な内容」、「適用時期」について述べられている。

「審議の背景」においては、有価証券報告書の開示内容など証券取引法上のディスクロージャーを巡り不適正な事例が相次いで発生したことに伴う「内部統制の充実の必要性」が述べられている。そして、内部統制の充実を図っていくためには、任意の制度として既に導入されている、会社代表者による有価証券報告書の記載内容の適正性に関する確認書制度の一層の活用を促していくことが重要であるとしている。

また、エンロン会社事件等が契機となり成立したアメリカのいわゆる「企業改革法」においては、経営者に対して年次報告書の開示が適正である旨の宣誓書の義務付け（同法302条）と財務報告に係る内部統制の有効性を評価した内部統制報告書の作成の義務付けを行うと共に公認会計士による内部統制監査の義務付けが図られることとなった（同法404条）。こうしたアメリカでの一連の内部統制報告実務への対応が決められた時期とも重なり、わが国でも実効性ある内部統制の評価および監査の基準の策定を目指す機運が盛り上がってきた。わが国においては、2006年6月成立の金融商品取引法により上場企業を対象に、財務報告に係る内部統制の評価と経営者による評価と公認会計士による監査が義務付けられ、2008年4月1日以降開始する事業年度から適用されることとなったわけである。

3.「基準」の構成と内容

「基準」の構成は、「内部統制の基本的枠組み」、「財務報告に係る内部統制の評価及び報告」、「財務報告に係る内部統制の監査」の3部から構成されている。

「内部統制の基本的枠組み」では、経営者が整備運用する役割と責任を有している内部統制それ自体についての定義、概念的な枠組みを示しており、「財務報告に係る内部統制の評価及び報告」と「財務報告に係る内部統制の監査」は、それぞれ財務報告に係る内部統制の有効性に関する経営者による評価及び公認会計士等による検証の基準を示している。

3-1. 内部統制の基本的枠組み

3-1-1. 内部統制の定義

「基準」(Ⅰ.1) において次のような内部統制の定義が提示されている。「内部統制とは、基本的に、企業等の4つの目的（①業務の有効性及び効率性、②財務報告の信頼性、③事業活動に関わる法令等の遵守、④資産の保全）の達成のために組織内のすべての者によって遂行されるプロセスであり、6つの基本的要素（①統制環境、②リスクの評価と対応、③統制活動、④情報と伝達、⑤モニタリング、⑥IT（情報技術））への対応から構成される。」

すなわちCOSO報告書に規定されている3つの目的に「資産の保全」が加わったわけであるが、その理由は「会社法」において監査役又は監査委員会の有する、業務及び財産の状況を調査する権限（監査役は同法381条、監査委員会は同法405条）を明らかにするためである。

3-1-2. 内部統制の限界

内部統制は次のような固有の限界を有するため、その目的の達成にとって絶対的なものではないが、各基本要素が有機的に結びつき、一体として機能することで、その目的を合理的な範囲で達成しようとするものである、として「基準」（Ⅰ.3）では次のような固有の限界が列挙されている。

(1)　判断の誤り、不注意、複数の担当者による共謀によって有効に機能しなくなる場合がある。
(2)　当初想定していなかった組織内外の環境変化や非定型的な取引には必ずしも対応しない場合がある。
(3)　内部統制の整備運用際しては、費用と便益との比較衡量が求められる。
(4)　経営者が不当な目的のために内部統制を無視ないし無効ならしめることがある。

内部牽制システムと内部監査制度を包括した内部統制システムは、かつて本質的に経営者への奉仕を目的として、経営者によって立案され、設定され、しかも経営者が管理する機構であると考えられてきた。この前提に立脚すれば、経営者が行う不正経理、特に企業的意図によって行われる不正経理は、本来、内部統制システム機能の領域外である。したがって内部統制システムは、利害関係者にとって最も重大な問題である企業的意図によって行われる不正経理に対しては有効ではなく、その防止または摘発を期待することはできない。内部監査人は経営組織上、企業内部に位置付けられ経営者のスタッフ機能を果たしているため、経営者レベルに対しては機能的限界があることは避けられない。「内部監査人監査は経営者不正よりは従業員不正の防止に重点が置かれるが、独立性、専門性を武器とした経営システム評価人としての有能な内部監査人は社会的不公正を意識した監査も実施しており、重要な経営管理用具として機能させていく経営者の積極的支援が必要である」[1]と言われることがあるが、経営者の積極的支援を受けながら経営者のチェックはできるわけもないと言わざるを得ない。

しかし、内部監査とは内部統制の目的が達成されているかを検証する機能で

1　友杉［1996］「コーポレート・ガバナンスと監査機能」『企業会計』1996年9月号、9ページ。

あるから、監査委員会が経営者から独立して内部監査人を監督できれば、内部監査を、純粋な意味で経営者に奉仕する監査ではなく経営自体の監査となる。そうすれば内部監査と外部監査という２つの監査は１つの経営監査に統一される。かかる監査こそ経営監査のあるべき姿ではないだろうか[2]。

3-1-3. 内部統制に関係を有する者の役割と責任

経営者と取締役会の関係、そして監査役（又は監査委員会）と内部監査人について「基準」（Ⅰ.4）は以下のように説明している。

⑴　経営者（代表取締役、代表執行役、などの執行機関の代表者を念頭に規定しているとみられる。―筆者注）は、組織のすべての活動について最終的な責任を有しており、その一環として、取締役会が決定した基本方針に基づき内部統制を整備運用する役割と責任がある。

経営者は、その責任を果たすための手段として、社内組織を通じて内部統制の整備及び運用を行う。

経営者は、組織内のいずれの者よりも、統制環境に係る諸要因及びその他の内部統制の基本的要素に影響を与える組織の気風の決定に大きな影響力を有している。

⑵　取締役会は、内部統制の整備運用にかかる基本方針を決定する。

取締役会は、経営者の業務執行を監督することから、経営者による内部統制の整備運用に対しても監督責任を有している。

取締役会は、「全社的な内部統制」の重要な一部であるとともに、「業務プロセスに係る内部統制」における統制環境の一部である。

⑶　監査役又は監査委員会は、取締役及び執行役の職務の執行に対する監査の一環として、独立した立場から、内部統制の整備運用状況を監視、検証する役割と責任を有している。

2　松田［1986］『経営監査論』現代出版、37ページを参照されたい。

(4) 内部監査人は、内部統制の目的をより効果的に達成するために、内部統制の基本的要素の１つであるモニタリングの一環として、内部統制の整備運用状況を検討、評価し必要に応じて、その改善を促す職務を担っている。

以上のとおり「基準」では、経営者には取締役会が決定した基本方針に基づき内部統制を整備運用する役割と責任があることを明らかにし、取締役会は経営者による内部統制の整備運用に対して監督責任を有していることを明らかにしている。

そして監査役または監査委員会には、独立した立場から内部統制の整備運用状況を監視、検証する役割と責任を有していることを明らかにすると共に、内部監査人は、内部統制の目的をより効果的に達成するために、内部統制の基本的要素の１つであるモニタリングの一環として、内部統制の整備運用状況を検討、評価し必要に応じて、その改善を促す職務を担っていることを明らかにしている。

3-2. 財務報告に係る内部統制の評価及び報告

3-2-1. 財務報告に係る内部統制の評価とその範囲

「基準」（Ⅱ.2）は、「経営者は、財務報告の信頼性に及ぼす影響の重要性の観点から必要な範囲について、財務報告に係る内部統制の評価を行わなければならない。」とし、「財務報告に係る内部統制の有効性の評価は、原則として連結ベースで行うものとする。」とし、「財務報告に対する金額的及び質的影響の重要性を考慮して合理的に評価の範囲を決定しなければならない。」としている。

3-2-2. 財務報告に係る内部統制の評価の方法

「基準」（Ⅱ.3）では、「経営者は内部統制の評価に当たって連結ベースでの全社的内部統制の評価を行った上で、その結果を踏まえて業務プロセスに係る内部統制を評価しなければならない。」とされ、「経営者は、財務報告に係る内部統制の有効性の評価を行った結果、統制上の要点等に係る不備が財務報告に重要な影響を及ぼす可能性が高い場合は、当該内部統制に開示すべき重要な不備があると判断しなければならない。」としている。

3-2-3. 財務報告に係る内部統制の報告

「基準」（Ⅱ.4）では、「経営者は財務報告に係る内部統制の有効性の評価に関する報告書を作成するものとする。」としている。そして報告書には（1）整備及び運用に関する事項、（2）評価の範囲及び評価時点、（3）評価手続及び評価結果、（4）付記事項を記載することとしている。

3-3. 財務報告に係る内部統制の監査

3-3-1. 内部統制監査と財務諸表監査の関係

「基準」（Ⅲ.2）では、「内部統制監査は、原則として、同一の監査人により、財務諸表監査と一体となって行うこと」と規定している。したがって内部統制監査の過程で得られた監査証拠は、財務諸表監査の内部統制の評価における監査証拠として利用され、また、財務諸表監査の過程で得られた監査証拠も内部統制監査の証拠として利用できる。

3-3-2. 内部統制監査の実施

「基準」（Ⅲ.3）は、「監査人は企業の置かれた環境や事業の特性等を踏まえて、経営者による内部統制の整備・運用状況及び評価の状況を十分に理解し、監査上の重要性を勘案して監査計画を策定しなければならない。」としている。また「監査人は経営者が決定した評価範囲の妥当性を判断するために経営者が当該範囲を決定した方法及びその根拠の合理性を検討しなければならない。」としている。

財務諸表監査においては、経営者が評価範囲を決定するということはない。したがって内部統制監査は、経営者の判断に依拠する部分が大きいと言える。その意味でこの評価範囲の妥当性の検討は、内部統制監査において非常に大きな重要性を有するものである。

また「監査人は、経営者による全社的な内部統制の評価の妥当性について検討しなければならないが、この検討に当たっては取締役会、監査役または監査委員会、内部監査人等、経営レベルにおける内部統制の整備運用状況について十分に考慮しなければならない。」としている。

経営者による全社的な内部統制の評価が、トップダウン型のアプローチによって、経営レベルでの内部統制の状況を十分に検討することに対応して、内部統制監査においても、業務プロセスの検討に先立って経営レベルにおける内部統制の評価の妥当性を検討することが求められているのである。

さらに、業務プロセスに係る内部統制の評価の検討については、「監査人は、経営者による業務プロセスに係る内部統制の評価の妥当性について検討する。監査人は、この検討に当たって、経営者による全社的な内部統制の評価の状況を勘案し、業務プロセスを十分に理解した上で、経営者が統制上の要点を適切に選定しているかを評価しなければならない。」としている。

内部統制の重要な欠陥や不正等の報告と是正については、「監査人は、内部統制監査の実施において内部統制の重要な欠陥や不正等を発見した場合には、経営者、取締役会及び監査役会又は監査委員会に報告して是正や適切な対応を求めると共に、内部統制の有効性に及ぼす影響の程度について評価しなければならない。また監査人は、内部統制の重要な欠陥や不正等の内容を取締役会、監査役又は監査委員会に報告しなければならない。」としている。

監査役または監査委員会との連携については、「監査人は、効果的かつ効率的な監査を実施するために、監査役又は監査委員会との連携の範囲及び程度を決定しなければならない。」としている。

他の監査人等の利用については、「監査人は、内部統制の基本要素であるモニタリングの一部をなす企業の内部監査の状況を評価した上で、内部監査の業務を利用する範囲及び程度を決定しなければならない。」としている。

3-3-3. 監査人の報告

意見の表明について「基準」（Ⅲ.4（1））は、「監査人は、経営者の作成した内部統制報告書が、一般に公正妥当と認められる内部統制の評価の基準に準拠し、財務報告に係る内部統制の評価について、すべての重要な点において適正に表示しているかどうかについて、内部統制監査報告書により意見を表明するものとする。」としている。

報告書の記載区分については、「監査人は、内部統制監査報告書に、内部統制監査の対象、実施した内部統制監査の概要及び内部統制報告書に対する意見を明瞭かつ簡潔に記載しなければならない。」（基準Ⅲ.4.（2））としている。

無限定適正意見の記載事項については、「監査人は、経営者の作成した内部統制報告書が、一般に構成妥当と認められる内部統制の評価の基準に準拠し、財務報告に係る内部統制の評価について、すべての重要な点において適正に表示していると認められると判断したときは無限定適正意見を表明しなければならない。」（基準Ⅲ.4.（3））としている。

意見に関する除外については、「監査人は、内部統制報告書において、経営者が決定した評価範囲、評価手続、及び評価結果に関して不適切なものがあり、無限定適正意見を表明することができない場合において、その影響が内部統制報告書を全体として虚偽の表示に当たるとするほどには重要でないと判断したときには、除外事項を付した限定付適正意見を表明しなければならない。」（基準Ⅲ.4.（4））としている。

監査範囲の制約については、「監査人は、重要な監査手続きを実施できなかったことにより、無限定適正意見を表明することができない場合において、その影響が内部統制報告書に対する意見表明ができないほどには重要でないと判断したときには、除外事項を付した限定付適正意見を表明しなければならない。」（基準Ⅲ.4.（5））としている。

追記情報については、「監査人は、次に掲げる事項を内部統制監査報告書に情報として追記するものとする。」（基準Ⅲ.4.（6））として、

(1) 経営者が、内部統制報告書に財務報告に係る内部統制に重要な欠陥がある旨及びそれが是正されない理由を記載している場合において当該記載が適切であると判断して無限定適正意見を表明する場合には、当該重要な欠陥並びにそれが是正されない理由、及び当該重要な欠陥が財務諸表監査に及ぼす影響。

(2) 財務報告に係る内部統制の有効性の評価に重要な影響を及ぼす後発事項。

(3) 期末日後に実施に実施された是正措置等。

(4) 経営者の評価手続きの一部が実施できなかったことについて、やむを得ない事情によると認められるとして無限定適正意見を表明する場合において、十分な評価手続きを実施できなかった範囲及びその理由。」と規定している。

4. COSO 報告書

4-1. COSO 報告書の内部統制の定義と統制環境

COSO 報告書では、内部統制は、(1) 業務の有効性と効率性、(2) 財務報告の信頼性、(3) 関連法規の遵守といった範疇に分けられる目的の達成に関して合理的な保証を提供することを意図した、事業体の取締役会、経営者およびその他の構成員によって遂行されるプロセスであるとされている。

そして最高経営責任者と取締役会の関係については、「最高経営責任者は内部統制に対して最終的責任を負い、また内部統制システムに対する「所有権」を持たなければならない。」[3]と明言し「最高経営責任者は、統制環境に係る諸要因や内部統制の構成要素に影響を与える『社風』の決定に大きな影響力を行

[3] 鳥羽・八田・高田（訳）［2000］『内部統制の統合的枠組み（理論編）第5版』白桃書房、139ページ。

使できる立場にある。」[4]とし、「最高経営責任者は取締役会の構成員の選任に対して影響力を有している。」[5]と述べている。

また「最高経営責任者の責任の中には、内部統制の構成要素がすべて適切に運用されているかどうかを監視することが含まれている。」[6]とし、「最高経営責任者は、取締役会に対して報告責任を負っている。」[7]し、「取締役会とその監査委員会は、内部統制システムに対して重要な監視を行っている。」[8]とも述べている。

4-2. COSO 報告書の課題

COSO 報告書の課題は、取締役会（監査委員会）は、最高経営責任者の上部構造として認識されてしかるべきにもかかわらず「統制環境」の要素の1つに含められており、しかも「統制環境」を含む内部統制全体の最終的な責任と内部統制の「所有権」を最高経営責任者に持たせていることである。

COSO 報告書は、取締役会（監査委員会）も統制環境を構成するとしている[9]。「統制環境と「社風」は、事業体の取締役会と監査委員会によって大きく影響を受ける。かかる要因としては、たとえば、取締役会または監査役会の経営者からの独立性、構成員の経験と能力、取締役会または監査委員会が関与・調査する活動の範囲及び活動の適切性がある。取締役会または監査委員会が内部監査人・外部監査人との間で図る相互作用も統制環境に影響を及ぼす。取締役会には、経営者の行動について問題点を指摘するとともに、それについて徹底的な調査を行い、また、他に取りうる考え方があればそれを提示し、さらに不正であることが明らかな場合には行動を起こす勇気を持つ心構えがなければならない。それゆえ取締役会の構成員に、社外取締役がいることも必要である[10]。」と

---

4 同上訳書、140-141 ページ。
5 同上訳書、141 ページ。
6 同上訳書、141 ページ。
7 同上訳書、143 ページ。
8 同上訳書、139 ページ。
9 同上訳書、39-40 ページ。

も述べている。

しかし図表 8-1 のように、最高経営責任者と取締役会（監査委員会）の両者が統制環境に含められると、内部統制に対する最終責任者は最高経営責任者なのか取締役会なのかという疑問が生じる。取締役会（監査委員会）は、最高経営責任者の業務執行を監督・監視するのであるから、最高経営責任者の上部構造として存在するはずである。しかるに COSO 報告書は最高経営責任者に内部統制に対する最終責任を任せ、内部統制システムに対する「所有権」を持たせている。最高経営責任者にとっての上部構造である取締役会（監査委員会）を統制環境に含め、統制環境を含めた内部統制全体の最終責任を最高経営責任者に任せ内部統制システムに対する「所有権」を持たせている論理展開は、下位の者が上位の者を管理・監督することを意味し、矛盾していると言うべきである。

図表 8-1　COSO のコーポレート・ガバナンス

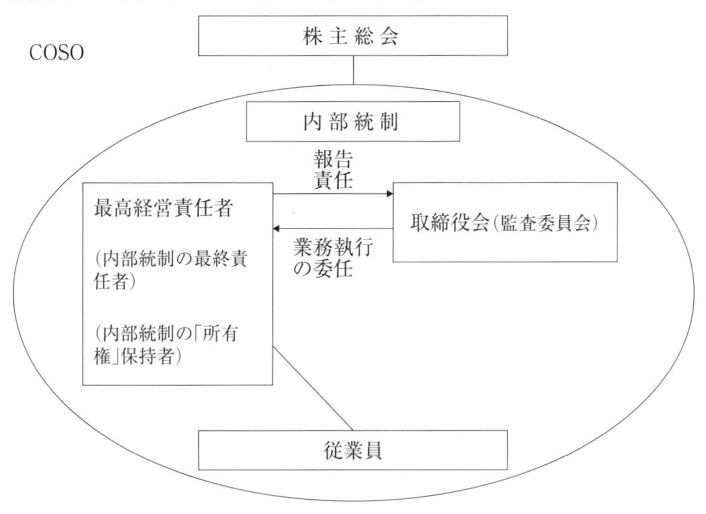

出所：筆者作成。

10　前掲訳書、39-40 ページ。

4-3. 望ましいコーポレート・ガバナンス

有効なコーポレート・ガバナンスを実現するために結論的には、図表8-2のように、取締役会は最高経営責任者の業務を監督し監視する役割を持つため、最高経営責任者に対する上部構造として明確に位置付けられるべきであると考える。そして原則として取締役と執行役の兼務の禁止を検討すべきである。

最高経営責任者に内部統制に対する最終責任を負わせ内部統制に対する「所有権」を持たせると言うならば、取締役会（監査委員会）は統制環境の中に入っ

図表8-2 望ましいコーポレート・ガバナンス(1)

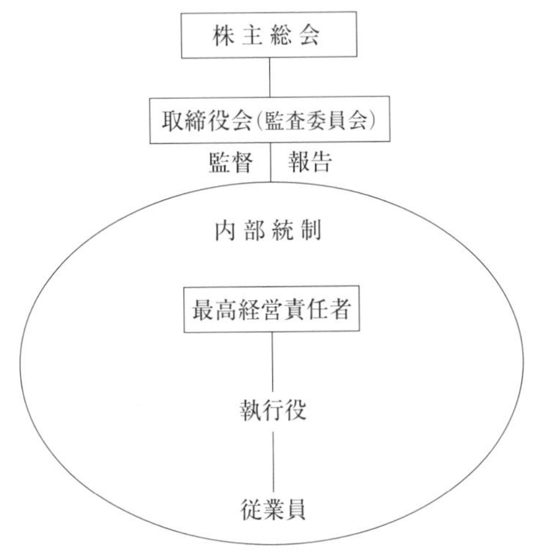

出所：筆者作成。

てはならず、最高経営責任者が所有権を有し最終責任を負って整備・運用している内部統制が有効に機能しているかどうかを取締役会（監査委員会）は上層の独立した立場から監視すべきであると筆者は考える。

仮に、取締役会（監査委員会）を統制環境に含めると言うならば、図表8-3のように内部統制の所有権と最終責任は最高経営責任者より上層部の取締役会（監査委員会）が持つべきである。COSO報告書が言うように、「内部統制の有

図表 8-3　望ましいコーポレート・ガバナンス (2)

株主総会

内部統制

取締役会(監査委員会)

報告

最高経営責任者

執行役

従業員

出所：筆者作成。

効性を決定する最終要因が、最高経営責任者の誠実性と倫理的価値観である」[11] とすれば、内部統制が有効に機能するためには、最高経営責任者の誠実性や倫理的価値観を確保するために、統制環境の中に置かれた取締役会（監査委員会）が、内部統制の有効性について最終責任を持つべきであると考える。

【参考文献】

鳥羽至英・八田進二・高田敏文（訳）［2000］『内部統制の統合的枠組み（理論編）第 5 版』白桃書房。

友杉芳正［1996］「コーポレート・ガバナンスと監査機能」『企業会計』1996 年 9 月号。

松田修一［1986］『経営監査論』現代出版。

11　前掲訳書 34 ページ。

第9章 コーポレート・ガバナンスの観点からみた監査役会と内部監査部門の連携

1. はじめに

第7章では内部監査人の立場からの総合実態調査として日本内部監査協会が公表している『監査白書 2014』を基に、コーポレート・ガバナンスの観点から分析を試みたが、本章では監査役の立場から内部監査を検討してみたい。

日本監査役協会は、2017年5月に「役員等の構成の変化などに関する第17回インターネット・アンケート集計結果」(以下「第17回アンケート」という) を公表した。前述のとおり2014年の会社法改正により大会社かつ公開会社は、監査役会設置会社、指名委員会等設置会社、および監査等委員会設置会社という3つの機関設計のいずれかを選択できることになった。前述のアンケートでは、この3つの機関設計それぞれについて集計結果を公表しているが、本章では紙幅の都合上3つの機関設計の中では圧倒的に採用会社数が多い監査役会設置会社を中心に検討していくことにする。

第7章で検討した日本内部監査協会実施のアンケート対象会社と日本監査役協会「第17回アンケート」対象会社は同一であるとの保証はなく、アンケート項目も必ずしも同一ではなく、調査年度も異なるので比較するには限界があるが、両者とも内部監査部門に関するアンケート調査であるという意味で、第7章において内部監査人の立場から行った分析結果を念頭に置きながら監査役の立場からの日本監査役協会「第17回アンケート」を分析していきたい。

2. 日本監査役協会「第17回アンケート」の分析

2-1. 監査スタッフの有無

監査役会設置会社は、代表取締役と業務執行取締役が業務執行を行い（会社法363条1項）、これを取締役会や他の取締役が監督し（同法362条2項1号）、さらに監査役会が取締役の職務執行を監査する（同法381条1項）わが国における株式会社の伝統的なガバナンス・モデルである。

監査役会設置会社の公開会社かつ大会社では、監査役会を設置しなければならない（同法328条1項）。そして監査役会設置会社においては、監査役は3人以上で、そのうち半数以上は社外監査役でなければならない（同法335条3項）。このように会社法は、独立性の高い社外監査役の監査が行われることで、業務執行者に対する牽制の実効性をより高めることを狙っている。

図表9-1によれば、監査役スタッフを設置する会社の割合は全体で1,534社（43.6%）となり、前回（43.8%）に比べ0.2ポイント減少した。前回も1.1ポイント減少しており、監査役スタッフを置いていない会社が増えていることは、コーポレート・ガバナンスの立場からして大きな課題を有している。

図表9-1　監査役スタッフ（監査役の補助使用人）の有無　（単位：社）

	全体		上場会社		非上場会社	
	2015年	2016年	2015年	2016年	2015年	2016年
1. いる	1,475	1,534	879	800	596	734
2. いない	1,895	1,988	936	814	959	1,174
回答社数	3,370	3,522	1,815	1,614	1,555	1,908

出所：日本監査役協会「第17回インターネットアンケート集計結果」p.30から抜粋。

2-2. 監査スタッフの専属・兼任の別

図表9-2によれば前年最も多かった「監査役スタッフが兼任スタッフのみの会社」は、全体で964人から1,057人に9.6ポイント増加し、他方「専属スタッフのみの会社」は全体で426人から397人に6.8ポイント減少しており、スタッフ活動が十分に実施できる環境が整備されている会社が増えているとは言い難い。

「兼任スタッフのみの会社」では、監査役は遠慮しながら監査業務を兼任スタッフに頼むことになるのではないだろうか。あるいは、監査役が積極的に監査を実施していないため業務量が少なく専任スタッフが必要ないのかもしれない。いずれにしても「兼任スタッフのみの会社」は、監査役監査の重要性を理解していない会社というべきであり、専任スタッフなしでは監査役も有効な監査を実施できているという自覚は持てないであろう。

同アンケート結果の「問3-3　監査役スタッフの兼務部署」によれば、圧倒的に内部監査部門との兼業が多いことが分かるが、内部監査部門は経営者に直属しているため経営者をチェックできないという内部監査固有の限界があることを忘れてはならず、専属スタッフ中心の有効な監査役監査が実施できるような改善が望まれる。

図表9-2　監査役スタッフ（監査役の補助使用人）の設置状況別社数　（単位：社）

	全体		上場		非上場	
	2015年	2016年	2015年	2016年	2015年	2016年
専属スタッフのみの会社	426	397	298	254	128	143
専属スタッフと兼任スタッフがいる会社	85	80	64	57	21	23
兼任スタッフのみの会社	964	1,057	517	489	447	568
回答社数（スタッフ設置あり）	1,475	1,534	879	800	596	734

出所：日本監査役協会「第17回インターネットアンケート集計結果」30ページから抜粋。

図表 9-3 によれば、監査役スタッフの平均人数は、全体で 1.80 人（前回 1.86 人）、内訳は専属 0.60 人（前回 0.67 人）、兼任 1.19 人（前回 1.19 人）とわずかではあるものの専属スタッフが減少している。前述のとおり、専属スタッフ中心の有効な監査役監査が実施できるようにしていかなければならないことは前述のとおりであるが、専属・兼任スタッフの合計人員数も少なすぎると言わざるを得ない。

それでは何人のスタッフがいれば十分なのかという話になるが、会社の規模に合わせて理想的な監査役スタッフ数を定式化することができればいいのだが、各業界の特異性もあることから一概に売上高、資本金の大小や従業員数の多少で定式化することは、なかなか困難である。後述するように図表 9-5 の内部監査部門等のスタッフ数にも不十分さを感じるが、それと比べても監査役スタッフ数は少なすぎる。監査役の手足となって働ける専属スタッフの大幅な増員が望まれる。

図表 9-3　監査役スタッフ（監査役の補助使用人）の人数　（単位：人）

（平均人数）		全体		上場		非上場	
		2015 年	2016 年	2015 年	2016 年	2015 年	2016 年
スタッフ設置あり	専属スタッフ	0.67	0.60	0.81	0.78	0.46	0.41
	兼務スタッフ	1.19	1.19	1.11	1.08	1.30	1.31
	スタッフ合計	1.86	1.80	1.92	1.86	1.77	1.73
専属スタッフのみの会社	スタッフ合計	2.00	2.03	2.07	2.13	1.85	1.86
専属スタッフと兼任スタッフがいる会社	専属スタッフ	1.61	1.49	1.52	1.42	1.90	1.65
	兼務スタッフ	1.59	1.51	1.47	1.46	1.95	1.65
	スタッフ合計	3.20	3.00	2.98	2.88	3.86	3.30
兼任スタッフのみの会社	スタッフ合計	1.68	1.62	1.71	1.61	1.65	1.63

出所：日本監査役協会「第 17 回インターネットアンケート集計結果」30 ページから抜粋。

2-3. 内部監査部門の所属形態

図表9-4によれば、内部監査部門等の組織上の位置づけは、「社長」直属が全体で2,370社（77.0%）だった。「その他の業務執行取締役」や「執行役員」を合わせると2,931社（95.2%）が該当する。業務執行する社長、業務執行取締役、執行役員が、自らの業務執行を内部監査させ自分に報告させているという様相である。そのようなやり方で経営者不正は防止できるのであろうか。

第7章の『監査白書2014』でも内部監査部門の所属形態を分類しているが、「社長（会長等）に直属」は、1,324社（79.1%）と他の形態に対して抜きん出ていた。『財務報告に係る内部統制の評価及び監査の基準』（以下、『内部統制の基準』という）や『内部監査基準』において、経営者直属の内部監査人が予定されているため無理もないが、「経営者が不当な目的のために内部統制を無視ないし無効ならしめることがある」（『内部統制の基準』I.3）とあるように、社長直属では社長をはじめとした経営者の行為をチェックできないことを認識しなければならない。

図表9-4　内部監査部門等の組織上の位置づけ　（単位：社）

	2016年				
	全体	上場	非上場	大会社	大会社以外
1. 社　長	2,370	1,305	1,065	1,845	508
2. その他の業務執行取締役	438	170	268	346	83
3. 執行役員	123	50	73	108	13
4. 取締役会	67	35	32	44	22
5. 監査役会	7	1	6	5	2
6. その他	71	27	44	52	19
回答社数	3,076	1,588	1,488	2,400	647

出所：日本監査役協会「第17回インターネットアンケート集計結果」34ページから抜粋。

2-4. 内部監査部門長の人事承認

図表9-5によれば、監査役が内部監査部門等の部門長の人事同意権を有している会社は163社（5.3%）に過ぎないことが分かる。図表9-4で「内部監査部門等の組織上の位置づけ」を見たとおり、内部監査部門等が社長、業務執行取締役、執行役員に直属している会社が多い実態からして、内部監査部門長への人事同意権は彼らが掌握していることが推測できる。内部監査部門長の立場からすれば、社長、業務執行取締役、執行役員に不正の疑いが生じても自分を解任できる彼らに対する監査を実施するということは自らの職を賭して臨まなければならないことになる。

したがって内部監査部門等の部門長への人事同意権は監査役が有するのが望ましいと考える。望ましいというに留まらず、監査役会が内部監査部門長の推薦権、任命権、解任権を持つべきであると筆者は考える。

図表9-5　監査役による内部監査部門等の部門長への人事同意権の有無　（単位：社）

	2016年				
	全体	上場	非上場	大会社	大会社以外
1. 人事同意権がある	163	96	67	133	28
2. 人事同意権はないが、意見を表明している	983	509	474	728	250
3. 人事同意権はなく、意見も表明していない	1,930	983	947	1,539	369
回答社数	3,076	1,588	1,488	2,400	647

出所：日本監査役協会「第17回インターネットアンケート集計結果」33ページから抜粋。

2-5. 内部監査部門等のスタッフ

図表9-6によれば、大半の会社では内部監査部門を設置しており、比率はすべての会社区分で増加している（全体では3,370社中2,863社（85.0%）から3,522社中3,075社（87.3%）に増加した。）。しかし重要なのは内部監査部門に必要十分な専属スタッフがいるかどうかである。2016年の調査における「内部監査専属

図表 9-6　内部監査部門等（監査部、内部監査室など）のスタッフ　（単位：社）

	全体		上場		非上場	
	2015年	2016年	2015年	2016年	2015年	2016年
内部監査あり	2,863	3,075	1,720	1,587	1,143	1,488
内部監査専属スタッフのみの会社	1,943	2,038	1,255	1,138	688	900
内部監査専属スタッフと兼任スタッフがいる会社	444	464	268	248	176	216
内部監査兼任スタッフのみの会社	476	573	197	201	279	372
内部監査なし	507	447	95	27	412	420
回答社数	3,370	3,522	1,815	1,614	1,555	1,908

出所：日本監査役協会「第17回インターネットアンケート集計結果」32ページから抜粋。

スタッフと兼任スタッフがいる会社」と「内部監査兼任スタッフのみの会社」を合わせると1,037社（29.4%）にも上るが、有効な内部監査が実施できるよう専任スタッフを大幅に増員すべきである。

図表9-7によれば、監査部門スタッフの平均人数は、全体として5.53人から5.00人へ減少している。その内訳として専属スタッフ数は2015年の4.71人から2016年には4.17人に減少して、兼務スタッフ数は0.82人から0.83人に微増している。

「内部監査専属スタッフのみの会社」、「内部監査専属スタッフと兼任スタッフがいる会社」、「内部監査兼任スタッフのみの会社」の3区分を見ると、「内部監査専属スタッフのみの会社」ではスタッフ数が5.94人から5.38人に減少している。「内部監査専属スタッフと兼任スタッフがいる会社」では専属スタッフが4.37人から3.98人に減少し、兼務スタッフも2.75人から2.60人に減少している。「内部監査兼任スタッフのみの会社」では微増している。

有効な内部監査の実施のためには専属スタッフが業務に必要十分な人数配置されていなければならないにもかかわらず、専属スタッフを減らし兼務スタッフを増やしているという傾向がうかがえる。

図表 9-7　内部監査部門等設置状況別スタッフ数平均　（単位：人）

（平　均）		全体		上場		非上場	
	スタッフ種類	2015年	2016年	2015年	2016年	2015年	2016年
内部監査あり	専属スタッフ数	4.71	4.17	5.16	4.89	4.04	3.39
	兼務スタッフ数	0.82	0.83	0.73	0.72	0.95	0.95
	スタッフ数合計	5.53	5.00	5.89	5.62	4.99	4.35
内部監査専属スタッフのみの会社	スタッフ数	5.94	5.38	5.95	5.82	5.93	4.83
内部監査専属スタッフと兼任スタッフがいる会社	専属スタッフ数	4.37	3.98	5.23	4.62	3.06	3.24
	兼務スタッフ数	2.75	2.60	2.87	2.89	2.55	2.28
	スタッフ数合計	7.12	6.58	8.10	7.50	5.61	5.52
内部監査兼任スタッフのみの会社	スタッフ数	2.36	2.37	2.49	2.15	2.28	2.49

出所：日本監査役協会「第17回インターネットアンケート集計結果」32ページから抜粋。

2-6. 監査役（会）と内部監査部門との連携

監査役（会）監査と内部監査とでは、法定監査と任意監査の違い、それぞれの目的の違い（監査役（会）監査は株主及び債権者保護、内部監査は経営目的達成への貢献）、経営陣との距離（監査役はその法的義務・権限により経営陣と至近距離にあり、内部監査部門は監査役ほどには経営者に近くはない。）、といった種々の違いはあるものの、企業の健全で持続的な成長に貢献するという役割は共通している。したがって、それぞれ独自に活動しつつも連携して職務を遂行することが望まれる。

近年、不祥事が大型化していることからも監査役監査と内部監査に期待される役割はますます大きくなっており、グローバル化の進展とともに海外に拠点を持つ会社は増えてきており、監査役、内部監査部門ともにこれらの拠点の往査を充実することも期待されている。このように、それぞれの監査に対する社会的責任は大きくなっており、負荷の増大にもつながっている。したがって負荷を軽減するためにも両者が連携して効率的な監査を行うことが求められる。

図表 9-8　監査役による内部監査部門への指示等　（単位：社）

	2016年		
	全体	上場	非上場
1. 社内規則で権限が規定されており、その権限を行使したことがある	554	296	258
2. 社内規則で権限が規定されているが、その権限を行使したことはない	499	257	242
3. 社内規則で権限が規定されていないが、依頼をしたことがある	1,485	770	715
4. 社内規則で権限が規定されておらず、依頼をしたこともない	507	250	257
5. その他	31	15	16
回答社数	3,076	1,588	1,488

出所：日本監査役協会「第17回インターネットアンケート集計結果」33ページから抜粋。

図表 9-8 によれば、社内規則で権限が規定されている会社の比率は全体の1,53社（34.2%）に留まるが、既定の有無を問わず、指示や依頼をしたことがある会社は全体の2,039社（66.3%）を占めている。

図表 9-9 によれば、何らかの形で内部監査部門から監査役（会）に対する平時の報告がなされている会社が2,413社（78.4%）である。「監査役監査基準」第37条では「監査役は、会社の業務及び財産の状況の調査その他の監査職務の執行に当たり、内部監査部門その他内部統制システムにおけるモニタリング機能を所管する部署（内部監査部門等という）と緊密な連携を保ち、組織的かつ効率的な監査を実施するよう努める。」と規定されているが、内部監査部門等からの報告が「1. 内部監査部門等を所管する役員のみに報告される」が260社（8.5%）もあり、「4.」の「1. 内部監査部門等を所管する役員」もしくは「2. 取締役会」が正式報告先であり、監査役（会）は報告の写し送付先である」という会社も1,127社（36.6%）あるという現状においては「内部監査部門等と緊密な連携を保ち組織的かつ効率的な監査の実施」がなされているのか疑問視されるところである。

図表 9-10 によれば、有事において「2. 取締役会及び監査役（会）に報告さ

図表 9-9　内部監査部門等からの報告（平時）　（単位：社）

	2016年		
	全体	上場	非上場
1. 内部監査部門等を所管する役員（社長が所管している場合を含む）のみに報告される	260	120	140
2. 取締役会のみに報告される	81	36	45
3. 監査役（会）のみに報告される	18	8	10
4. 上記「1」もしくは「2」が正式報告先であり、監査役（会）は報告の写し送付先である	1,127	567	560
5. 監査役（会）が正式報告先であり、上記「1」もしくは「2」は報告の写し送付先である	25	14	11
6. 上記「1」もしくは「2」は、および監査役会ともに正式報告先である	1,243	700	543
7. その他	322	143	179
回答社数	3,076	1,588	1,488

出所：日本監査役協会「第17回インターネットアンケート集計結果」35ページから抜粋。

図表 9-10　内部監査部門等からの報告（有事）　（単位：社）

	2016年		
	全体	上場	非上場
1. 取締役会のみに報告される	98	48	50
2. 取締役会および監査役（会）に報告される	2,172	1,141	1,031
3. 監査役（会）のみに報告される	234	131	103
4. その他	572	268	304
回答社数	3,076	1,588	1,488

出所：日本監査役協会「第17回インターネットアンケート集計結果」p.36から抜粋。

れる」会社が全体の2,172社（70.6%）と最も多いが、「3. 監査役（会）のみに報告される」が全体の234社（7.6%）となっている。平時の18社（0.6%）に比べて増えているところが興味深い。

図表9-11によれば、「3. 年度監査計画について調整しているが、どちらかが主導しているわけではない」という会社が1,294社（42.1%）で最も多く、「監査役主導で年度監査計画について調整している」が、242社（7.9%）に過ぎない状況は改善されるべきであると筆者は考える。監査役（会）監査、内部監査、公

図表 9-11　監査役と内部監査部門等との連携（複数回答可）　（単位：社）

	2016年		
	全体	全体	全体
1. 監査役主導で年度監査計画について調整している	242	110	132
2. 内部監査部門等主導で年度監査計画について調整している	780	371	409
3. 年度監査計画について調整しているが、どちらかが主導しているわけではない	1,294	688	606
4. （個別の）監査日程について調整している	1,030	551	479
5. 個別の監査テーマについて調整している	846	417	429
6. 調整はしていない	528	280	248
回答社数	3,076	1,588	1,488

出所：日本監査役協会「第17回インターネットアンケート集計結果」36ページから抜粋。

認会計士監査といった三様監査において、経営者の最も近くにいるのは内部監査部門でも公認会計士でもなく監査役である。その意味で三様監査において中心的な地位を担うべきは監査役（会）監査であると考えるからである。

東京証券取引所は2015年6月に「コーポレートガバナンス・コード」（以下CGコードという）を制定した。会社法は従来から会計監査人の独立性を担保するという観点から監査役の役割を強化してきたが、CGコードでは、さらに会計監査人による監査の実効性を高めるため、監査役会・取締役会に一定の役割を果たすことを求めている。CGコードの補充原則3-2②では、十分な監査時間の確保、あるいは内部監査部門・社外取締役との十分な連係の確保が求められている。これは会社法では定められていなかったことである。

「監査役監査基準」第37条では、「監査役は、内部監査部門等からその監査計画と監査結果について定期的に報告を受け、必要に応じて調査を求める。監査役は、内部監査部門等の監査結果を内部統制システムに係る監査役監査に実効的に活用する。」と規定しているが、監査役等と内部監査部門との連携については、必ずしも法的に担保されたものではなく、監査制度内に組み込まれたものでもない。もちろん現在でも上記のとおり「監査役監査基準」第37条には、監査役と内部監査部門との連携の規定はあるものの、あくまで監査役の自己規律の域を出ず、三様監査における監査役等と内部監査部門の連携の相対的な脆弱さは否めない。監査役（会）がその責務を実効的に果たし、企業価値の向上に資するという視点では、監査役等と内部監査部門の連携はますます重要になってきており、コーポレートガバナンス・コード補充原則 4-13③が監査役と内部監査部門の連携を求めているのもこうした背景がある。

3. 両者の連携による効果

両者の連携により（1）弱点の相互補完、(2) 監査の効率化、(3) 監査対象部門の負担軽減を図ることができる。

(1) については、監査役側から見ると、不足がちなスタッフ態勢の補完手段として内部監査の結果を有効に活用することができるようになる。すなわち内部監査結果を活用することによって、内部統制の状況について独自に調査するより、はるかに広範に把握することが可能となる。一方、内部監査部門から見ると、内部監査に有用な経営者情報を監査役より入手することが可能になる。

(2) については、両者の連携により監査結果を相互に活用することや、可能な範囲で監査対象の重複を避けることができ、監査の効率化を図ることができるようになる。

(3) については、監査を受ける側からすれば、監査役監査と内部監査との相違について、ほとんど認識がないことが多く、特に同一年度等短い間隔で双方の監査を同時並行的に受ける場合、重複感を招きかねない。そこで両者が連携して監査の実施時期を調整する、あるいは同行往査を実施すること等により重複感の排除ができ、監査を受ける側からの反発を招かない。

4. 監査役等監査への提言

日本監査役協会は、2016年11月に「会計不正防止における監査役等監査の提言」（以下、「提言」という）を公表した。「提言」は監査役等（監査委員会委員、監査等委員を含み「監査役等」と称す）と内部監査部門との連携について次のように述べている（「提言」12ページ）。

> 監査役等は内部監査部門と緊密な連携を保ち、内部監査部門の監査内容、監査範囲、陣容等を考慮した上で、監査の有効性及び効率性向上に向け、監査計画、監査方法、監査実施状況等の情報共有とそれぞれの監査への活用を図るべきである。
>
> 内部監査部門が業務監査及び内部統制監査に加え会計監査も行っている会社もあるが、大半は業務プロセス監査の観点から会計監査を行っている。監査役等は、業務の有効性と効率性、財務報告の信頼性等の内部統制の有効性を確保するため、内部監査部門による監査の有効性を把握するとともに、会計監査人とも連携を図り、必要に応じて内部監査部門の充実などについて、執行側に改善を促すことも重要である。

そして「提言」（13ページ）では、「内部監査部門は各社により監査内容、監査範囲、陣容等が異なり、また監査役等との合同監査の実施や、内部監査部門長の人事に監査役等が一栄の関与をしている会社もあるなど、監査役等との関与の方法も異なる。そこで各社の状況に応じて監査役等と内部監査部門が緊密な連携を保ち、適宜情報交換の機会を持つことによりお互いの役割を理解しながらそれぞれの監査活動を進める必要がある。内部監査部門の組織上の位置づけは社長直属の会社が多い。会計監査に限ることではないが、内部監査部門の組織上の位置づけに係らず、監査計画の策定・変更、監査方法の確認、事業リスクや事業運営リスクの抽出、往査内容の決定と分担を含む監査の実施について積極的に情報・意見交換すべきであり、可能な限り一体感のある運用を行うことが望ましい。また、情報の共有のため、内部監査部門のレポートラインは監査役等にも平時・有事に関係なく確保されるべきである。」と述べているが筆者も同感である。

「提言」の2.「監査役等の構成」では、「監査役会等のメンバーは多様な経験等を踏まえた構成にすべきであり、特に、社外取締役等はリスクの抽出・分析において社内監査役等とは異なる観点から貢献できる経営経験者、専門家が望ましい。また、会計不正防止の観点からは、財務および会計に関する相当程度の知見を有する監査役等を少なくとも1名以上選定すべきである。常勤者の設置が義務付けられていない指名委員会等設置会社においても常勤者を置くべきである。」と述べられているが、この提言は傾聴に値する。監査役就任に際しては特別な経験や資格や技術は必要とされないため、一般的には体系的な監査訓練を受けていない場合が多い。そこで社外監査役には「財務および会計に関する相当程度の知見を有する監査役」として公認会計士を、そして法律の専門家として弁護士を必須要件とすべきではないかと筆者は考える。

5. 社外監査役の課題

図表9-12の「社外監査役の前職または現職」については、全体として「1. 親会社の役職員」が前回に続き減少し5.4ポイント減で9.4%となった。これは厳格化された社外要件の適用につき、経過措置が満了したためと思われる。一方、「7. 公認会計士または税理士」が2.4ポイント増加して20.3%となり、最も多くの割合を占めている。また「8. 弁護士」および「6. 会社と無関係な会社の役職員」についても増加傾向にあり、会社法の改正により「社外」要件が厳格化され、親会社の役職員は「社外」要件を満たさなくなったことが影響しているものと考えられる。

図表9-13によれば、兼務が0社の比率が3,307社(52.8%)で最も多いということが重要なのではなく、社外監査役で3社兼務が357人、4社兼務が129人、5社以上の兼務者が212人もいるということを問題視すべきである。複数の会

図表 9-12　社外監査役の前職または現職　（単位：人）

	全体		上場		非上場		大会社		大会社以外	
	2015年	2016年	2015年	2016年	2015年	2016年	2015年	2016年	2015年	2016年
1. 親会社の役職員	1,011	586	169	77	842	509	815	430	195	154
2. 親会社以外のグループ会社役職員	330	318	92	76	238	242	285	279	38	39
3. 大株主の役職員	594	522	354	283	240	239	550	480	41	41
4. 取引銀行の役職員	508	482	398	360	110	122	461	432	46	48
5. 取引先の役職員	399	336	290	233	109	103	355	287	32	31
6. 会社と無関係な会社の役職員	908	974	670	652	238	322	678	675	229	294
7. 公認会計士または税理士	1,224	1,273	998	953	226	320	1,013	1,006	203	255
8. 弁護士	1,183	1,149	967	867	216	282	1,048	974	127	163
9. 大学教授	159	154	125	111	34	43	146	133	8	15
10. 官公庁	140	123	105	85	35	38	128	109	10	10
11. その他	364	348	239	201	125	147	275	244	79	90
合計人数	6,820	6,265	4,407	3,898	2,413	2,367	5,754	5,049	1,008	1,140

出所：日本監査役協会「第17回インターネットアンケート集計結果」18ページから抜粋。

図表 9-13　社外監査役の兼務社数　（単位：人）

	2016年				
	全体	上場	非上場	大会社	大会社以外
0社	3,307	2,119	1,188	2,615	640
1社	1,510	959	551	1,257	233
2社	750	460	290	616	133
3社	357	206	151	298	57
4社	129	66	63	101	28
5社以上	212	88	124	162	49
合計人数	6,265	3,898	2,367	5,049	1,140

出所：日本監査役協会「第17回インターネットアンケート集計結果」19ページから抜粋。

社を掛け持ちしている社外監査役の中に、監査役会は出席するだけでいいと勘違いしている人間はいないだろうか。

6. むすび

日本監査役協会の「第17回アンケート」を基にして監査役（会）監査と内部監査の連携について以下に感想を述べる。

監査スタッフを置いていない会社が若干増えていることは、コーポレート・ガバナンスの立場からして大きな課題を有している。そして「兼任スタッフのみの会社」では監査役監査の重要性が理解されていないというべきである。専任スタッフなしでは監査役も有効な監査を実施できているという自覚は持てない。

「監査役スタッフの兼務部署」のアンケート調査によれば、圧倒的に内部監査部門との兼業が多いが、内部監査部門は経営者に直属しているため経営者をチェックできないという内部監査固有の限界があることを忘れてはならず、専属スタッフ中心の有効な監査役監査が実施できるよう改善が望まれる。専属スタッフ中心の有効な監査役監査が実施できるようにすべきにもかかわらずスタッフの人員数が少なすぎる。この点については、会社の規模に合わせて理想的な監査役スタッフ数を定式化することができればいいのだが、各業界の特異性もあることから、一概に売上高、資本金の大小や従業員数の多少で定式化することはなかなか困難である。内部監査部門等のスタッフ数にも不十分さを感じるが、それと比較してさえ監査役スタッフ数は少なすぎる。監査役の専属スタッフの大幅な増員が望まれる。

「監査役監査基準」第37条では、内部監査部門等と緊密な連携を保ち、組織的かつ効率的な監査を実施するよう努める。」と規定されているが、内部監査部門等からの報告が「1. 内部監査部門等を所管する役員のみに報告される」会社や、「内部監査部門等を所管する役員」もしくは「取締役会」が正式報告先であり、「監査役（会）」は報告の写しが送付されるだけという会社においては、「内部監査部門等と緊密な連携を保ち組織的かつ効率的な監査の実施」がなされているのか疑問視されるところである。

監査役（会）監査、内部監査、公認会計士監査といった三様監査において、経営者の最も近くにいるのは内部監査部門でも公認会計士でもなく監査役である。その意味において三様監査で中心的な地位を担うべきは監査役であろう。

東京証券取引所のCGコードでは、さらに会計監査人による監査の実効性を高めるため、監査役会・取締役会に一定の役割を果たすことを求めている。CGコードの補充原則3-2②では、十分な監査時間の確保、あるいは内部監査部門・社外取締役との十分な連係の確保が求められている。これは会社法では定められていなかったことである。

監査役等と内部監査部門との連携については、必ずしも法的に担保されたものではなく、また、監査制度内に組み込まれたものではない。もちろん現在でも「監査役監査基準」第37条には、監査役と内部監査部門との連携の規定はあるものの、あくまで監査役の自己規律の域を出ず、三様監査における監査役等と内部監査部門の連携の相対的な脆弱さは否めない。監査役（会）がその責務を実効的に果たし、企業価値の向上に資するという視点では、監査役等と内部監査部門の連携はますます重要になってきている。

「提言」の2.「監査役等の構成」では、「監査役会等のメンバーは多様な経験等を踏まえた構成にすべきであり、特に、社外取締役等はリスクの抽出・分析において社内監査役等とは異なる観点から貢献できる経営経験者、専門家が望ましい。また、会計不正防止の観点からは、財務および会計に関する相当程度の知見を有する監査役等を少なくとも1名以上選定すべきである。社外監査役は「財務及び会計に関する相当程度の知見を有する監査役」として公認会計士を、そして法律の専門家として弁護士を必須要件とすべきであると筆者は提案したい。

社外監査役に対する課題としては、5社以上の兼務者が212人もいるということを問題視すべきであり、一定の兼職数上限を設けるべきであろう。

【参考文献】

小森清久［2008］「内部統制と内部監査」『愛知工業大学経営情報科学』第3巻2号、愛知工業大学大学院経営情報科学研究科。
日本監査役協会［2001］「監査役会・監査委員会の実態」『別冊商事法務』商事法務研究会、322号。
——［2013］「監査役制度の再評価と今後の監査報告等について」。
——［2015］「『監査役監査基準』等の改訂」。
——［2016］「会計不正防止における監査役等監査の提言—三様監査における連携の在り方を中心に—」。
——［2017a］「監査役等と内部監査部門との連携について」。
——［2017b］「役員等の構成の変化などに関する第17回インターネット・アンケート集計結果（監査役会設置会社版）。
日本内部監査協会［2015］『2014年監査白書』。

第10章 統合報告における ナラティブ・レポーティング

1. はじめに

会計不正事件が頻発し、企業の利害関係者から、企業情報開示についての不信感と、企業経営の透明性を求める声が以前にも増して高まっている。その観点から、従来の財務情報を中心とした伝統的な情報開示では、経営実態把握に不十分であるとの指摘がなされるようになってきた。内部統制報告制度の導入など、監査体制の充実により財務報告の透明性が向上した面はあるが、それでも財務諸表監査には限界があると言われることが多い。さらに、企業の社会的責任、ガバナンスなどについての論及が、時代の波として押し寄せてきている。そのためナラティブ・レポーティング（narrative reporting）[1]の重要性が認識されるようになってきた。

わが国では、ディスクロージャー制度の充実・強化のため、2003年3月の「企業内容等の開示に関する内閣府令」の改正（内閣府令第28号）により、2004年4月以降の有価証券報告書において、「事業等のリスク」、「経営者による財政状態、経営成績の状況の分析」および「コーポレート・ガバナンスの状況」についても情報開示が求められるようになった。これらの情報は、ナラティブ・レポーティングに属するものと考えられる。

---

1 「ナラティブ・レポーティング」は、非財務情報の開示、財務諸表外情報の開示、記述的会計情報の開示などの意味で使用されることが多い。

財務諸表の有する、情報としての限界を指摘して、従前の財務報告から統合報告への展開を求める議論は、意思決定有用性を重視する最近の財務報告目的に基づいて、財務諸表とナラティブな情報を同等の地位にあるとみなす、グローバルな認識の広がりと無関係ではない。ナラティブな情報は、当初期待された財務諸表の従属的な補足機能にとどまらず、補完機能を拡充する傾向にある[2]。

2. アメリカ公認会計士協会「特別委員会報告書」

2-1. 報告書作成作業に関する重要事項

アメリカ公認会計士協会（American Institute of Certified Public Accountants：AICPA）は、事業報告の目的適合性と有用性に関する問題に取り組むため、1991年に「財務報告に関する特別委員会（Special Committee on Financial Reporting：委員長のEdmund L. Jenkins氏にちなんで、「ジェンキンズ委員会」と称されている。）」を組織した。同委員会の任務は、①経営者が、第三者の利用に供する情報の性質、および②かかる情報の中のさまざまな要素に関して監査人が監査報告を行うべき範囲、についての勧告を行うことであった。

作業開始に当って同委員会では、作業に関する重要事項として次の事項を確認している[3]。

(1) 事業報告は有効な資本配分を図る際に重要な役割を果たしている。多くの点で事業報告はかかる役割を申し分なく果たしており、利用者に必要不可欠な情報を提供している。しかしながら、事業に影響を及ぼす甚大かつ加速的な変革は、事業報告の目的適合性の確保を脅かすものとなっ

---

[2] 古庄［2012b］「統合財務報告制度の形成と課題」『国際会計研究学会年報』2011年度第2号、17ページを参照されたい。

[3] 八田・橋本（共訳）［2002］『アメリカ公認会計士協会・ジェンキンズ報告書―事業報告革命』白桃書房、4-5ページ。

ている。従来通り目的適合性を確保するために、事業報告は、利用者の情報ニーズの進展に応じて変革を遂げていかなければならない。

(2)　利用者のニーズの変化に応じて、事業報告がしなければならないことは、以下の通りである。

- 計画、事業機会、リスクおよび不確実性に関する、より多くの情報を提供すること。
- 主要な事業プロセスの業務遂行方法を示す非財務尺度を含むより長期の価値を生み出す要因に対していっそう焦点を当てること。
- 外部に報告される情報と企業経営のために上級経営者に内部報告される情報とをいっそう整合させること。

(3)　利用者は、財務情報に対する監査人の関与は不可欠であると考えている。顧客にいっそう奉仕するために、監査プロフェッションは、企業および利用者が必要であるとの判断を下す可能性のある限りは、事業報告におけるあらゆる種類の情報に関与する準備をすべきである。

(4)　事業報告は無料ではないので、費用と便益があらゆる製品に含まれている特性を決定するために重要であるのと全く同様に、事業報告を改善するためには、情報の相対的な費用と便益について検討することが必要となる。(以下の部分は割愛した)

(5)　事業報告プロセスの参加者は、以下のような形で変化を予見するという、より良い仕事をしなければならない。

- 利用者の情報ニーズに焦点を当てて、事業報告とかかるニーズとをいっそう整合させる費用効果的な方法を見出すこと。
- 利用者が必要とする種類の情報を反映する包括的なモデルを形成し、その維持を図ること。
- 将来の企業環境および利用者の将来の情報ニーズを展望することにより、より長期的な視点に焦点をあてること。

(6)　現行の法的環境は、企業が将来指向的情報を開示する姿勢に水を差すものである。企業は、不当な訴訟に対するより有効な抑止策ができるまでは、将来指向的情報の報告を拡張する必要はない。

すなわち、上記の作業に関する重要事項としては、目的適合性を確保するために、事業報告は、(1) 利用者の情報ニーズの進展に応じて変革を遂げていかなければならないこと、(2) 非財務尺度を含む、より長期の価値を生み出す要因に対して焦点を当てること、外部報告情報と内部報告情報との整合性を向上させること、(3) 事業報告におけるあらゆる種類の情報に関与する準備をすべきであること、(4) 事業報告と利用者情報ニーズとを整合させる費用対効果を考慮し有効な方法を見出すこと、(5) 利用者の必要情報を反映する包括的なモデルを形成しその維持を図ること、および将来の企業環境および利用者の将来の情報ニーズを展望することに、より長期的な視点に焦点を当てること、(6) 企業は、不当な訴訟に対する、より有効な抑止策ができるまでは、将来指向的情報の報告を拡張する必要はないこと、などが強調されている。

ここにおけるキーワードは、「目的適合性」、「非財務尺度」、「長期的企業価値」、「外部報告情報と内部報告情報の整合性」、「費用対効果」、「利用者必要情報の包括的モデル形成」などである。

2-2.『ジェンキンズ報告書』の「勧告」

1994年に「ジェンキンズ委員会」は、報告書[4]（以下、『ジェンキンズ報告書』と称す）を公表した。

『ジェンキンズ報告書』は、「今日のアメリカにおける事業報告[5]は、多くの点で有効に機能している。（中略）それでも、多くの利用者は、事業報告の諸側面

---

[4] AICPA, *Comprehensive Report of the Special Committee on Financial Reporting, Improving Business Reporting—A Customer Focus: Meeting the Information Needs of Investors and Creditors, 1994.*

[5] 「本報告書では『財務報告』に代えて『事業報告』という用語を用いているが、それは、『総括的事業報告モデル』には、従来の『財務報告』には含まれていない『将来指向的情報』や『非財務情報』といった利用者の情報ニーズから導出された革新的な開示内容が数多く含まれているからに他ならない。」八田［2010］「開示情報の拡大に向けた動向」山崎（編著）『財務諸表外情報の開示と保証』同文舘出版、204ページ。

について、極めて批判的である。（中略）一部の企業―特に大企業―は、すでに利用者のニーズを満たすあらゆる情報を提供しているが、多くの企業はまだ提供していない。あらゆる情報提供を行っている企業も、包括的、統合的な様式によることなく、さまざまな方法で情報を提供している。利用者の情報ニーズおよび改善策の費用と便益に基づいて、本委員会は、4つの領域―すなわち、事業報告書記載情報の種類の改善、財務諸表の改善、事業報告に対する監査人の関与の改善および変革の促進―における改善を勧告する。」[6]として、次のような勧告を行った。

2-2-1. 事業報告書記載情報の種類の改善

1番目の領域である、「事業報告書記載情報の種類」では、2つの勧告が行われているが、事業報告書記載情報は、「財務データおよび非財務データ」、「財務データおよび非財務データに関する経営者の分析」、「将来指向的情報」、「経営者と株主に関する情報」、「企業の背景」の5つの広範な情報に区分される[7]としている。

勧告1では、「基準設定主体は、利用者が投資の価値とリスクを評価するために必要な情報の種類と公表時期を示す事業報告の包括的モデルを作成すべきである。」[8]としている。そして、事業報告の包括的モデルは、利用者の情報ニーズを満たすために必要なより広範な情報に焦点を広げ、将来指向的な視点を提供することが重要であり、当該勧告では、基準と利用者の情報ニーズが報告的に合致し、かつ、統合された方法で設定するフレームワークを提供するものでなければならない[9]、としている。さらに、事業報告の包括的モデルは、「経営者の分析（Management's Discussion & Analysis of Financial Condition and Results of Operations：MD&A）」について、経営者が企業経営に利用する重要な営業上

6　八田・橋本前掲書、10ページ。
7　同上書、106ページ。
8　同上書、104ページ。
9　同上書、104-105ページを参照されたい。

のデータおよび非財務業績測定値を企業が開示することを提言すると同時に、過去と同様に将来にも焦点を当てるべきである[10]、としている。

勧告２では、「費用と便益の明確な定量化は不可能であることを踏まえて、事業報告における費用と便益に関する理解を深めること。」[11]としている。費用と便益の明確な定量化が不可能であるために記述された数字の大半は推測であるが、追加的な研究および利用者と企業との検討を通じて、費用と便益の範囲および関係や、異なる種類の費用と便益の識別についての進展は可能である[12]、としている。

2-2-2. 財務諸表を改善するための勧告

２番目の領域である、「財務諸表を改善するための勧告」としては、７つの勧告が行われているが、本稿に関係するものとして（勧告７）「基準設定主体は、目的適合性の乏しい開示を調査し、除去すべきである。」[13]がある。そこでは、目的適合性、ひいては有用性の乏しい開示を削除することには、次に示す利点があると述べられている。すなわち、「①開示によって得られる便益を著しく損なうことなく、財務諸表の作成及び監査の費用が削減できる。②利用者が過剰な資料の山を通り抜ける必要性を軽減できる。③事業報告について本委員会が勧告したモデルに合致する情報のような、より有用な情報を盛り込む余地ができる。」[14]としている。

2-2-3. 事業報告に対する監査人の関与

３番目の領域である、「事業報告に対する監査人の関与」については、４つの勧告を行っているが、ここでは、監査人は、事業報告書によって提供される情報に、どの程度まで関与すべきなのかが焦点になる。この点について（勧告１）

10　同上書、121ページを参照されたい。
11　同上書、125ページ。
12　八田・橋本前掲書、125ページ。
13　同上書、167ページ。
14　同上書、168ページを参照されたい。

は、「事業報告書に対する弾力性のある監査人の関与を認め、それにより、監査人が報告する情報の要素およびこうした要素に対する監査人の関与の程度が、企業と事業報告の利用者との間の合意によって決定されるようにすること。」[15]としている。その理由は、「監査済情報に対する利用者のニーズに違いがあるからである。たとえば、必要であると考える監査人の保証水準は、利用者により異なる。監査を必要とする利用者もいれば、特定の状況の下では、レビューといった、より低い水準の保証、あるいは全く保証を求めないことを容認する利用者もいる。（中略）また利用者は、財務諸表以外の情報に対する監査人の関与の有用性についても見解を異にする。それゆえ本委員会は、利用者の多様な情報ニーズを満たすために、利用者ごとにあつらえた報告が必要であると考える。」[16]と述べている。

また、勧告2は「監査プロフェッションは、包括的モデルのすべての情報に関与できるよう準備し、企業と利用者が当該モデルのいかなる要素に対しても、保証を提供するよう求めることができるようにすべきである。」[17]ことも勧告している。さらに、「本委員会は、包括的な事業報告モデルのさまざまな要素に対して最大限の保証を報告することの本質に焦点を当てた。包括的事業モデルには固有の弾力性があるので、同じ事業報告書の中の異なる要素に対して、さまざまな保証水準の組み合わせを検討する機会がある。さらに、当該要素に含まれる情報の性質の多様性を踏まえると、現在利用可能な監査およびレビューという保証水準以外に、別の水準または様式の保証の提供も可能であろう。」[18]としている。

2-2-4. 事業報告に対する変革の促進

4番目の領域である「事業報告に対する変革の促進」については、7つの勧告

15　同上書、190ページ。
16　八田・橋本前掲書、191ページ。
17　同上書、192ページ。
18　同上書、196ページ。

が行われているが、本稿に関係深いものとして、(勧告5)「基準設定主体は、将来の事業環境およびかかる環境下における利用者の情報ニーズを展望することによって、より長期的な視点に立つべきである。基準は、かかる長期的な展望と方向性を一致させるべきである。」[19]というものがある。企業が利用者に対して報告する情報の目的適合性は、絶えず変化する環境の影響を受ける。経済的、技術的変化は素早く起こり、かかる変化は利用者の、企業に関する情報ニーズに影響を及ぼす。基準設定主体は、優先順位の高い審議事項が適切に選択され、資源が有効に選択され、かつ、基準が適用されるべき環境に適合するように、事業報告に対して想定されるこうした変化の重要性を認識するために、ある程度体系的なアプローチを備えるべきであるとしている[20]。

以上のように、『ジェンキンズ報告書』は、①利用者の情報ニーズを満たすために必要な、より広範な情報に焦点を広げ、将来指向的な視点を提供する事業報告包括モデルの作成を勧告し、② MD&A については、経営者に過去と同様に将来にも焦点を当てるべきであると勧告している。また③事業報告書に対する弾力性ある監査人の関与を認め、監査プロフェッションは、包括的モデルのすべての情報に関与できるよう準備すべきであるとし、④現在利用可能な監査およびレビューという保証水準以外に、別の水準または様式の保証の提供も可能だとしている。⑤基準設定主体は、利用者の情報ニーズを展望し、より長期的な視点に立つべきであるとも勧告している。

2-3. 『ジェンキンズ報告書』から「国際統合報告審議会」へ

以上、検討してきたように、『ジェンキンズ報告書』は、従来型の財務報告の枠組みに包含しきれない情報としての非財務情報、すなわち企業の事業内容情報、企業が抱えるリスク情報、環境対策情報、コーポレート・ガバナンス情報などを利害関係者に対して開示する重要性を指摘した。そしてその流れは、1997年に公表されたアメリカ公認会計士協会(AICPA)「保証業務特別委員会報

19　同上書、211ページ。
20　同上書、211ページ。

告書（エリオット委員長にちなんで『エリオット報告書』と称されている)」および同年、国際会計士連盟（IFAC）が公表した「情報の信頼性についての報告」として進展してきた。

さらに、2010年に国際統合報告委員会（The International Integrated Reporting Committee）が設立され、その後現在の、国際統合報告審議会（The International Integrated Reporting Council―以下IIRCと称す）に名称を変更し、2011年9月には討議資料「統合報告に向けて―21世紀における価値の伝達」[21]を、2013年4月には「国際統合報告＜ IR ＞フレームワーク・コンサルテーション草案」[22]を公表するに至り、非財務情報開示（ナラティブ・レポーティング）の潮流は着実に勢いを増してきている。

3. 国際統合報告フレームワーク

3-1.「フレームワーク」の特徴

3-1-1. 用語の定義

IIRCは、2013年12月に「国際統合報告フレームワーク（*The International <IR> Framework*―以下『フレームワーク』または『FW』と称す）」[23]を公表した。ここに、統合報告書（Integrated report）とは、「組織における外部環境の背景の中で、組織の戦略、ガバナンス、実績および見通しが、いかにして組織の短期、中期、長期の価値創造に結びついていくのかについての簡潔なコミュニケーションである（「FW」1.1,「用語解説6」)。」と定義されている。

そして、「フレームワーク」では、「統合報告（Integrated Reporting）は、長期間にわたる価値創造に関わる組織による定期的な統合報告書や、価値創造の局面に関連したコミュニケーションに起因する統合思考に基づくプロセスであ

21　IIRC［2011］.
22　IIRC［2013a］.
23　IIRC［2013b］.

る。(「FW」「用語解説 7」) とされており、統合報告書 (Integrated report) と統合報告 (Integrated Reporting) を区別している。

また、統合的思考 (Integrated thinking) とは、「組織の様々な事業単位及び機能単位と、組織が利用し影響を与える資本との関係に属する組織による動的な考察である (FW「用語解説 8」)。」とされている。

IIRC テクニカル・マネージャーの三代は、「統合報告を考える際には『報告書 (report)』と『報告 (reporting)』の２つを整理しておく必要がある。それは、①企業活動について、内外のステイク・ホルダーとのコミュニケーションを図る手段としての『報告書 (report)』と、②報告書作成前後のプロセスである『報告 (reporting)』や、統合の考え方である『統合的思考 (Integrated thinking)』は、「フレームワーク」において分けて議論されているからである。」[24]という点に留意するよう述べている。

3-1-2. 長期的価値創造と原則主義アプローチ

「フレームワーク」は、「統合報告書の目的は、第一義的には、財務資本提供者に、組織がいかにして長期的に価値創造するかを説明することである。したがって統合報告書には、関連ある情報、財務情報及び非財務情報が含まれる (「FW」1.7)。統合報告書は、従業員、顧客、サプライヤー、ビジネスパートナー、地域社会、立法者、規制当局、政策立案者など、組織の長期間にわたる価値創造に関心があるすべての利害関係者に有益である (「FW」1.8)。」としている。

「フレームワーク」は、「原則主義」アプローチを採用している。「『原則主義』アプローチの主旨は、組織ごとに個別の状況には広範囲の変動があることを認識した上で、適合する情報ニーズを満足させる組織間の十分な比較を可能にし、柔軟性と規定との適切なバランスを取ることである (「FW」1.9)。」とされている。

そして、「統合報告書には、ガバナンスを託された者からの言明が含められる

24　三代［2012］37 ページ。

べきである（「FW」1.20）。」とし、その言明の1つとして「統合報告書の誠実性を保証すべき責任に関する承認（「FW」1.20）。」を挙げている。「フレームワーク」は組織全般を対象にしているため、ここに言う「ガバナンスを託された者」は、いろいろな組織によって異なるが、企業においては取締役等を指すものと考えられる。

3-1-3.「フレームワーク」の構成

「フレームワーク」は、「開示原則」と「内容要素」から構成されている。「開示原則」とは、統合報告を作成する上での前提となる考え方であり、「内容要素」とは、「開示原則」を適用し組織が開示内容を判断した結果、記載する主な項目となっている。「『開示原則』は、統合報告書の作成や説明を下支えしてくれる。報告書内容の告知や、どのような情報が提供されるべきかについても同様である（「FW」3.1）。」としている。

3-2.「フレームワーク」の「開示原則」

「フレームワーク」の「開示原則」としては、「戦略的焦点と将来志向」、「情報の結合性」、「ステイクホルダーとの関係性」、「重要性」、「簡潔性」、「信頼性と完全性」、「一貫性と比較可能性」が挙げられている（「FW」3.1）。

このうち、本章と特に関連性を有するものとして、「情報の結合性」がある。「フレームワーク」では、「統合報告書は、組織の長期間にわたる価値創造能力に影響を与える構成要素間の結合性、相互関連性、相互依存関係についての全体像を示すべきである（「FW」3.6）。」としている。「財務情報（financial information）と非財務情報（other information）の結合性（「FW」3.8）。」も、「情報の結合性」の1つであることが明示されている。したがって統合報告の範囲の画定は、まず財務報告を中核に位置付け、財務報告と「連携性」が高い情報、あるいは「結合性」が認められる情報まで拡大すべきであることになる。

さて「フレームワーク」は、「信頼性」について、「情報の信頼性は、そのバランスや重大な誤りがないことに影響される。信頼性は、強固な内部統制や報告システム、利害関係者との契約、内部監査あるいはその類似機能、独立した外部からの保証といった仕組みによって影響される（FW3.40）。」と述べ、内部統制、内部監査、そして独立性を有する公認会計士による外部監査が連携・協力する報告システムによって「信頼性」が担保されることを強調している。

3-3.「フレームワーク」の「内容要素」

「フレームワーク」の「内容要素」には、「組織概要と外部環境」、「ガバナンス」、「ビジネスモデル」、「リスクと機会」、「戦略と資源配分」、「実績」、「見通し」、「作成と開示の基礎」、「全般的な報告の手引き」の9つが挙げられている（「FW」4.1）。

このうち「ガバナンス」については、「統合報告書は、組織の統治機構が、短期、中期、長期の価値創造能力をいかに支援しているかについて答えるべきである（「FW」4.8）。」としている。企業においては、取締役会が担当する経営機構を監督する、内部監査、監査役（監査委員会）監査、外部監査の三様監査間における情報共有とコミュニケーションのあり方が重要になってくるであろう。

「実績」については、「他の構成要素（例えば、温室効果ガス排出量と売上高との比率）を伴った財務基準を結合したKPI（Key Performance Indicators—主要業績評価指標—筆者注）あるいは重要な他の資本や他の因果関係の重要な結果からなる財務的影響を説明する財務諸表外情報は、他の資本とみなされている実績を伴う財務実績の接続性を実証することが多いかもしれない（「FW」4.32）。」としている。

3-4.「公開草案」から「フレームワーク」への変更点

「公開草案」の「開示原則」においては、「戦略的焦点と将来志向」、「情報の結合性」、「ステイクホルダーへの応答」、「重要性と簡潔性」、「信頼性と完全性」、「一貫性と比較可能性」が挙げられていたが、「フレームワーク」では、「ステイクホルダーへの応答（Stakeholder responsiveness）」が「ステイクホルダーとの関連性（Stakeholder relationships）」へ修正され、「重要性」と「簡潔性」がそれぞれ独立して規定された。「開示原則」の部分においては、「公開草案」と「フレームワーク」の間にそれ以外の変更点はない。

「内容要素」については、「公開草案」では、「組織概要と外部環境」、「ガバナンス」、「機会とリスク」、「戦略と資源配分」、「ビジネスモデル」、「実績」、「将来の見通し」の7つが挙げられていたが、「フレームワーク」では、「組織概要と外部環境」、「ガバナンス」、「ビジネスモデル」、「リスクと機会」、「戦略と資源配分」、「実績」、「見通し」、「作成と開示の基礎」、「全般的な報告の手引き」の9つにまとめ直された。

4.「統合報告書」としての武田薬品工業「アニュアルレポート」

4-1. 武田薬品工業の統合報告書に対する取り組み

わが国において、業績などの財務情報や経営戦略、社会貢献の取り組みなどを1冊にまとめた「統合報告書」を公表する企業が増えている。2013年の開示企業数は前年の59社から90社に拡大し、2014年には100社を超えるとの見方が多い[25]。「統合報告書」を公表する企業が増えているのは、長期的な企業価値向上につながる取り組みを一覧できるようにして、年金基金などの長期マネーを呼び込む狙いである[26]。

武田薬品工業（以下、「タケダ」と称する）は、2006年度より、財務情報のみならず、人権、環境、コミュニティへの取り組みなどの非財務情報を取り入れた統合報告を開始し、具体的には、「アニュアルレポート」を統合報告書として発行してきた。さらに2009年度より、「グローバル・レポーティング・イニシャ

25　KPMGジャパンは、日本企業の統合報告書に関する調査を2014年から継続して実施しているが、「国内自己表明型統合レポート企業発行リスト2017年版」で公表された341社の報告書を対象として調査を実施している。
(https://home.kpmg.com/jp/ja/home/insights/2018/03/integrated-reporting-20180323.html)

26　「日本経済新聞」2014年1月23日号を参照されたい。

ティブ（GRI）」[27]のガイドラインを基に、CSR 活動に関する詳細な情報をまとめた「CSR データブック」を発行している。そして 2011 年度より、統合報告の国際的なフレームワークを提供する IIRC のパイロットプログラムに参加している。このようにタケダは、統合報告に関する先駆的企業であり、統合報告について同社の「アニュアルレポート」[28]や「CSR データブック」[29]から学ぶところは少なくない[30]。

タケダは「優れた医薬品の創出」や「企業市民活動」を通じた企業価値の創造と同時に、「誠実」な事業プロセスを通じた企業価値の保全（企業価値の毀損回避）に取り組んでいる。アニュアルレポートでは、これらの活動について戦略を示すとともに、相互のつながりに着目して記述するよう努めている（「タケダ・アニュアルレポート（2013 年度版）」（―以下、「タケダ AR2013」と称す。1 ページ）。

それでは「タケダ AR2013」を順次検討していくことにする。前述のとおり、「フレームワーク」は 2013 年 12 月に公表されたため、2013 年 7 月発行の「タケダ AR2013」は、「フレームワーク」ではなく、2013 年 4 月に公表されていた IIRC の「国際統合報告フレームワーク・コンサルテーション公開草案（以下『公開草案』と称す）」に従って作成されている。

4-2.「タケダ AR2013」の序論

「タケダ AR2013」では、序論部分は次のように構成されている。まず「タケダスナップショット」[31]において、「医薬事業による企業価値創造」としての、重点領域数、研究開発拠点数、営業利益年平均成長率目標、事業部別売上高が記載されている。続けて「CSR による企業価値保全」として、保険医療アクセ

27　https://www.globalreporting.org/Pages/default.aspx を参照されたい。
28　http://www.takeda.co.jp/investor-information/annual.
29　http://www.takeda.co.jp/csr/reports/index.html.
30　「タケダ・アニュアルレポート（2013 年度版）」は 129 ページ、「CSR データブック（2013 年度版）」は 88 ページにわたる詳細な報告書である。
31　「タケダ AR2013」2-5 ページ。

ス支援コミット額や二酸化炭素排出量2015年度削減目標が記載されている。次に「財務・非財務ハイライト」[32]における財務項目として、地域別売上高、営業利益、キャッシュフロー、1株当たり当期純利益、1株当たり配当金、事業部別従業員数、そして非財務項目として総エネルギー投入量、二酸化炭素排出量、水資源投入量が記載されている。それに続いて、「社長メッセージ」[33]があり、その中で業績概要、中期成長戦略、2013年度の業績見通し、財務戦略と株主還元、そしてCSR活動について記載されている。最後に「経営の基本精神」[34]が掲げられ、同社のミッションとビジョンが示された後、「ビジョン2020」策定リーダーである常務取締役からのメッセージで締めくくられている。

4-3. 企業価値保全に対する取り組み

本論部分は「Creating Corporate Value（医薬事業による企業価値創造）」と「Sustaining Corporate Value（CSRによる企業価値保全）」の2部構成となっており、企業価値創造と企業価値保全を主題としているところは、「公開草案」や「フレームワーク」の主旨にかなっているといえる。

「Creating Corporate Value（医薬事業による企業価値創造）」[35]では、研究開発、ワクチン事業、主な開発品の状況、導入・アライアンス活動、知的財産、生産供給体制、品質保証体制、マーケティングについて記載されているが、本章では割愛する。

「Sustaining Corporate Value（CSRによる企業価値保全）」[36]では、下記の事項が述べられている。

4-3-1. CSR活動

タケダが考えるCSRの根幹とは、ミッションである「優れた医薬品の創出を

---

32 「タケダAR2013」6-7ページ。
33 「タケダAR2013」8-15ページ。
34 「タケダAR2013」16-17ページ。
35 「タケダAR2013」19-50ページ。
36 「タケダAR2013」52-71ページ。

通じて人々の健康と未来の医療に貢献すること」、すなわち「医薬事業」そのものにある。そしてそのミッションを実現するためには、同時に、医薬事業における、研究開発から調達、生産、物流、マーケティングまでのバリューチェーン上で社会に及ぼす多様な影響を、事前に認識した上で、「事業プロセス」全体の健全性の維持・向上に努めること、また、「企業市民」として、社会の持続可能性を高める活動に関わることが重要であると考えている。同社は、このような包括的な視点を持ってCSR活動を実践しており、企業は社会の一部であるという関係性を認識し、包括的な視点で企業価値の創造のみならず、保全活動にも取り組んでいる。

また、CSR活動の目的と実績を、ISO26000の中核主題ごとに、表形式で詳細に開示している。

4-3-2. 開示・対話・意見収集システム

「タケダAR2013」は、「公開草案」が提示する6つの「開示原則」とGRI第4版（G4）[37]を参照して情報開示の充実に努めている。

(1) 戦略的焦点と将来志向

事業目的、具体的な戦略、実施計画を盛り込んだ中期成長戦略、ならびに、ダイバーシティ、保健医療アクセス、腐敗防止など、グローバルな事業拡大に伴うリスクへの対応戦略、を記載することで、企業価値の創造と保全（価値毀損の回避）の両面について説明している。

(2) 情報の結合性

事業戦略とCSR活動の両面について、「研究」から「マーケティング」までのバリューチェーン開示を心掛け、結合性に配慮している。

(3) ステイクホルダーとの関連性

事業と関わりにあるステイクホルダーを特定し、直接対話やアンケート調査をはじめとする多様なコミュニケーションの機会を設け、企業価値の創造と保

---

37 https://www.globalreporting.org/Pages/default.aspx および http://www.sustainability-fj.org/gri/about/g4/を参照されたい。

全に活用している。また、G4を参照し、ステイクホルダーからの声に対応する所管部門や窓口情報についても開示している。

(4)　重要性と簡潔性

「アニュアルレポート（統合報告書）」、「CSRデータブック」などの多様な開示媒体を用意し、特に、株主、投資家にとって重要性の高い情報のみ「アニュアルレポート（統合報告書）」に掲載することで、重要性と簡潔性を同時に実現している。

(5)　信頼性と完全性

信頼性の観点から、経営トップの発言内容を動画で確認できるよう、ホームページに掲載している。また、2013年度より、従業員関連情報、海外での企業市民活動に関わる情報などの非財務情報に対する第三者保証を付与している。

(6)　一貫性と比較可能性

G4を参照して、定量的なデータを通じた開示を行うとともに、日本の国家プロジェクトとして開発された環境影響評価指標「LIME」[38]なども積極的に活用し、首尾一貫性および比較可能性の確保に努めている。

4-3-3. CSR推進体制

タケダはCSR活動を推進する専門組織を、コーポレート・コミュニケーション部内に設置している。この組織は、本業の医薬品の品質・安全性を管理する部署のほか、社会、環境、人権、調達などのグローバル・ガバナンスを担当する社内の所管部門と密接に情報交換し、各部門のCSR活動を側面から支援することで、会社全体の活動を底上げする役割を担っている。CSRに関わる案件については、ビジネス案件と同様に、それぞれの所管部門が必要に応じてグローバル・リーダーシップ・コミッティーや取締役会に報告、提案する体制を採っている。

38　LIME（life-cycle Impact assessment Method based on Endpoint modeling）：日本の国家プロジェクトとして開発された環境影響評価法で、二酸化炭素、廃棄物、化学物質など、さまざまな環境への影響を総合的定量的に評価する手法である。

4-3-4. 環境マネジメント

(1) グループ全体の管理体制を再構築

タケダは、1970年に「環境保全対策委員会」を設置して以来、長期的な視点を持って環境保全活動を継続している。「武田薬品グループ環境自主行動計画」で地球温暖化対策、廃棄物削減などの中長期目標値を定め、年度ごとに目標への進捗状況を把握し、活動を推進している。2012年には、事業活動のグローバル化に対応して、国内外グループの環境（E)、健康（H)、安全（S）に対する考え方を、「グローバルEHS方針」として定めた。2013年6月には、「グローバルEHSガイドライン」を策定し、活動の具体化に取り組んでいる。

(2) 評価指標による活動の検証

タケダは、事業が環境に与える影響を定量的に把握する必要性を認識し、2012年度には、国内外グループを対象として「LIME」による環境影響評価を実施している。その結果、タケダ単体では、これまでの化学物質排出量の削減や燃料転換などの取り組みが環境負荷の低減に大きく寄与していること、一方で、今後は二酸化炭素排出量の削減に一層注力する必要があることを確認している。さらに国外も含めたグループでみると、硫黄酸化物の削減が依然として大きな課題であることから、今後、国内で得たノウハウも活かして、グローバルでの環境負荷削減に取り組んでいくことにしている。

4-3-5. 気候変動への取り組み

タケダは「武田薬品グループ環境自主行動計画」で、国内外グループの生産事業所・研究所について、以下の目標値を設定している。

タケダ単体としては、以下の目標値を設定している。

(1) エネルギー起源の二酸化炭素排出量を、2015年度に1990年度比で30%削減する。

(2) エネルギー起源の二酸化炭素排出量を、2020年度に1990年度比で40%削減する。

気候変動への取り組みの実績については、アニュアルレポート等を通じて、積極的に公表している。

4-4. 経営管理体制

「フレームワーク」では、前述のとおり「ガバナンス」について、「統合報告書は、組織の統治機構が、短期、中期、長期の価値創造能力をいかに支援しているかについて答えるべきである（「FW」4.8)。」としている。

タケダの場合は、「Sustaining Corporate Value（CSRによる企業価値保全)」において、「経営管理体制」について、別章を設けて説明している[39]。そこでは、コーポレート・ガバナンス、コンプライアンス、危機管理などについての考え方が陳述されている。

4-4-1. コーポレート・ガバナンス

タケダは、「優れた医薬品の創出を通じて、人々の健康と医療の未来に貢献する」というミッションのもと、グローバルに事業展開する世界的製薬企業にふさわしい事業運営体制の構築に向け、健全性と透明性が確保された、迅速な意思決定を可能にする体制の整備を進めるとともに、コンプライアンスの徹底や、リスク管理を含めた内部統制の強化を図っている。これらの取り組みを通じて、コーポレート・ガバナンスのさらなる充実を目指し、企業価値の最大化に務めている。

経営体制としては、タケダは、取締役会においてグループの基本方針を定め、その機関決定に基づいて、経営執行を行う体制を採っている。また、社外監査役による監査を通じて取締役会の透明性を確保するとともに、社外取締役の起用により、業界の常識にとらわれることなく、適正に業務を執行する体制を目指している。タケダは、取締役会を「会社経営の意思決定を行うと同時に、業務執行を監視・監督することを基本機能とする機関」と位置付けている。取締役は８名のうち２名が社外取締役、また日本人６名・外国人２名の構成であり、

39　「タケダAR2013」72-83ページ。

原則月１回の開催により、経営に関する重要事項について決議および報告が行われている。

なお、取締役会の諮問機関として、社外取締役を委員長とする指名委員会および報酬委員会を設置し、社外取締役人事および報酬制度にかかる決定プロセスと結果の透明性客観性を確保している。さらには、定期的な内部監査等の実施により、グループ各社における法令順守ならびに適正な事業運営を確保している。

監査体制としては、組織形態は監査役設置会社であるが、「監査役監査規定」を定めることにより、監査役監査が実効的に行われることを確保するための体制を整備している。なお、経営の透明性向上については、監査役４名のうち、社外監査役２名による監査が十分に機能していると判断しており、経営監視機能の客観性・中立性が確保されている。

4-4-2. コンプライアンス

タケダが、社会の信頼に応え存在価値を認められるためには、グループの全役員・従業員が、法令を遵守することはもちろん、「タケダイズム」の実践により、高い倫理観・道徳観を持って企業活動を展開していくことが不可欠だとしている。

そしてグループ各社に共通するコンプライアンスの基本ルールとしての「タケダ・グローバル行動規準」を制定している。2011年度には、グローバルな贈収賄規制強化に対応して、「タケダ贈収賄禁止グローバルポリシー」を策定した。また、グループ全体としてコンプライアンスを推進するため、グローバル・コンプライアンス・オフィサーおよびグローバル・コミッティを設置し、グローバル・コンプライアンス・オフィス（法務部）が補佐する体制を構築している。

また、通報者の保護を確保しながらコンプライアンスに関する通報を受け付けるシステムおよび社外通報窓口を設けている。

4-4-3. 危機管理

タケダは、グループにおけるコーポレート・ガバナンスの一環として、経営に大きな影響を与えるリスクの未然防止と発生時の的確な対応は重要であると考え、グループ全体で、内部統制、内部監査の充実、コンプライアンスの推進と共に危機管理体制の一層の強化に取り組んでいる。

危機管理に際しては、株主・顧客・取引先・従業員・地域社会などのステイクホルダーに対する責任として、また、グループの人的な安全確保と経済的な損失を回避するため、公正で誠実な対応が重要であるとしている。タケダは、「タケダグループグローバル危機管理ポリシー」および「危機管理規則」を定めると共に、災害や事故等の発生に伴う事業活動の中断を防ぐため、あるいは中断したとしても可能な限り短期間で再開するために、「武田グループグローバル事業継続計画ポリシー」を策定している。

タケダおよびグループ各社は、それぞれの自己責任において、危機管理体制の構築、予防措置と発生時の対策を実施することとしている。グループへの影響が大きく、グループ全体での対応が必要な事態には、タケダの社長を委員長とする「グローバル危機管理委員会」で統一的に情報・状況を把握し、グループ各社に対する対策の指示とフォローを行うことになっている。

「経営管理体制」に続いて、「財務セクション」が用意されており、事業および財務の概況、連結貸借対照表、連結損益計算書、連結包括利益計算書、連結株主資本等変動計算書、連結キャッシュフロー計算書といった財務情報が開示されている。しかしこれらの財務諸表は、有価証券報告書記載事項でもあり、本章の主題ではないので割愛する。

以上検討してきた結果、「タケダ AR2013」は、財務情報のみならず非財務情報を、企業価値の創造と企業価値の保全（毀損回避）という概念でまとめ上げ、社会と同社との関係性を統合的に報告しており、同社の利害関係者の意思決定に資するものであると認められる。

5. ナラティブ・レポーティングに対する保証問題

5-1. ナラティブ・レポーティングに対する保証の必要性

タケダが統合報告に関する先駆的企業であり、統合報告について同社の「アニュアルレポート」や「CSRデータブック」から学ぶところが少なくないと第4節で述べた。しかし、同社の統合報告書としての「タケダAR2013」が、「公開草案」の提示する6つの「開示原則」および7つの「内容要素」を十分斟酌した上で作成され、それが経営者からみて満足できる水準に達していようと、また、いかに詳細に雄弁にナラティブ情報が語られていようと、それはあくまでも経営者が作成・発信した情報であり、経営者（企業）の主観的産物であると言われても仕方がない。

アメリカにおいては『ジェンキンズ報告書』の公表を契機に、企業を取り巻くあらゆる状況での意思決定に利用される広範な情報に対して、一定の保証を与えることに監査人が関与すべきであるとして、監査とは保証水準の異なる保証業務への対応が検討されるようになった[40]。

それは非財務情報が、その基礎にある主題（例えば気候変動の状況）に対して、測定・評価の規準の適用結果を適切に反映しない場合に、重要な点について誤って表示される可能性が生じるならば、非財務情報利用者の当該情報に対する信頼の程度を損なうことになるため、非財務情報に対する保証業務が必要となる[41]、ということを意味する。投資意思決定に有用な非財務情報に対しても、一定の保証を付与することによって、情報格差の是正ひいては情報の非対称性の問題を、部分的にせよ緩和することができるのであって、この意味において保証業務は情報の持つ契約支援機能を高めるという経済的帰結をもたらす[42]も

---

40 八田［1999］72ページを参照されたい。
41 日本監査研究学会［2012］14ページを参照されたい。
42 伊豫田［2012］127ページ。

のであるといえる。ナラティブ・レポーティングに対する保証の必要性は高まってきている。

5-2. ナラティブ・レポーティングに対する保証の可能性

ところで、『ジェンキンズ報告書』によれば、利用者は、（ナラティブ情報の1つである―筆者注）MD&Aに関する監査人の報告を支持しないように思われるという[43]。その理由は、①利用者は、監査人が関与することによって、検証困難ではあっても利用者にとっては重要である主観的な情報を、経営者が報告することを思いとどまらせてしまうかもしれないという懸念と、②利用者は、監査人が経営者の討議を効果的に監査するために必要な事業及び技能に精通しているかどうかを疑問視していることと、③利用者にとってMD&Aは、事業に関する経営者の視点をうかがい知る場と考えられており、外部者がかかる見解の伝達に介入することを望んでいないという懸念を彼らが抱いているからである。

また、包括的モデルの要素に含まれる一部の情報は、ほとんど全面的に、経営者の信念、意図及び予想によって構成されており、多くの場合、かかる主張の真実性を支持するために利用可能な客観的証拠はほとんどなく、監査人は、開示が完全であるかどうかを決定することが困難となる可能性がある[44]との懸念も指摘されている。

さらに合衆国会計検査院も、「監査人は、財務諸表以外のある種の情報に関連する技能及び専門知識を持っていないかもしれない。監査人が保証を求められる可能性のある情報の中には、科学技術上の達成または見通しにかかわる経営者の考えや予測といったものもあろうが、それらは現在の監査人の評価能力を超えるものである。評価が困難な将来予測情報や事業用ソフト関連資産を含むような非財務情報の証明を求められるようになれば、会計プロフェッションは一層困難な問題に直面することになるだろう。」[45]と危惧している。さらにそこ

43　八田・橋本前掲書、188-189ページを参照されたい。
44　同上書、193ページを参照されたい。

では、拡大された保証業務に対する需要は、経営者の需要に応えるだけのものであってはならず、利用者のニーズが重要である[46]ことが強調されている。

その点について、タケダの最近の事例から、糖尿病治療薬について7年以上もガン発症リスクを隠し、具体的な警告を発するのを怠ったのは、偶然や過失ではないと訴えられた訴訟で敗訴し、莫大な賠償金の支払いを命じられたケース[47]を考えてみたい。同社の統合報告書「タケダAR2013」では、本章、第4節第1項で述べたように「優れた医薬品の創出」を通じた企業価値の創造を謳っている。また、第4節第3項では「Creating Corporate Value（医薬事業による企業価値創造）」の中に、品質保証体制を盛り込んでいる。さらに同節において、「CSRの根幹とは、ミッションである『優れた医薬品の創出を通じて人々の健康と未来の医療に貢献すること』、すなわち『医薬事業』そのものにある。そしてそのミッションを実現するためには、同時に、医薬事業における、研究開発から調達、生産、物流、マーケティングまでのバリューチェーン上で社会に及ぼす多様な影響を、事前に認識した上で、『事業プロセス』全体の健全性の維持・向上に努めること、また、『企業市民』として、社会の持続可能性を高める活動に関わることが重要であると考えている。」と書かれている。

統合報告書「タケダAR2013」が（保証のレベルの高低はともかくとして）監査人の保証を受けていたと仮定した場合、当該糖尿病治療薬は「優れた医薬品」だと監査人が保証したということになるのかならないのか、莫大な賠償金額に対して責任は発生するのかしないのか、また、同社の「品質保証体制」の万全性については、どのような手続きを経てどのような保証が可能になるのか、「品質保証体制」に保証を付与した監査人は、その後発生した賠償金に無関係で済

45　藤田・八田（監訳）［2000］『アメリカ会計プロフェッション』白桃書房、118ページ。

46　同上書、120ページ。

47　「武田薬品工業が糖尿病治療薬「アクトス」に関連するガン発症リスクを隠していたとして米国の男性が同社を相手に起こした訴訟で、ルイジアナ州ラファイエットの連邦地裁の陪審は7日、武田に60億ドル（約6,200億円）の懲罰的賠償金の支払い義務があると認定したと米ブルームバーグが報じた。男性の弁護側はアクトスとぼうこうがんとの関連性を示す研究結果について、7年以上も具体的な警告を発するのを怠ったのは偶然や過失ではないと述べたという。」「日本経済新聞」2014年4月8日号夕刊。

むのか、さらに、統合報告書「タケダAR2013」に保証を付与した監査人は、同社がミッションである「優れた医薬品の創出を通じて人々の健康と未来の医療に貢献すること」を忠実に実践していたと保証したことになるのか、また『事業プロセス』全体の健全性の維持・向上に努めたことを保証できるのか、などナラティブ情報や統合報告書に対する監査人の保証についての課題は枚挙にいとまがない。

上妻［2012］は、世界で初めて上場企業に統合報告書の作成を義務付けた南アフリカの事例を引き合いに出して、同国では統合報告において、どの程度の開示水準なら有用とされるかについての判別基準がないため、実務の現場は混乱していることを論述している[48]。

さらに、「現在の監査人と被監査会社との関係およびそれが引き起こす独立性の認識も、綿密な検討に値する。監査人が、拡大された証明機能を利用する人々から十分には信頼されないとすれば、会計プロフェッションにとって監査人の独立性は大きな問題となろう。客観的で懐疑的でしかも批判的でさえあるという伝統的な監査人の価値は、保証業務を提供する上で重要な側面である。会計プロフェッションは、このような重要な監査人の特質が、価値を無くしてしまうような新しい領域にまで業務が拡大されないように、独立性に関する問題に注意深くなる必要がある。さらに、ジェンキンズ委員会が強調しているように、経営者が会計基準及び他の非財務情報を適切に使用しているかについての監査人のコメントは、経営者と監査人との関係の本質的な変化を必要とするであろう。なぜなら、今日の環境におけるそのようなコメントの表明は、経営者から干渉とみなされるかもしれないからである。」[49]との意見も傾聴に値する。

また、財務諸表監査における高い水準の保証とは異なる保証水準での提供を前提とする、いわゆる監査類似業務（レビュー、保証業務等）については、監査人が関与すべき業務の範囲について明確な識別が必要であり、また、会計プロ

48　上妻前掲論文［2012］86ページを参照されたい。
49　藤田・八田前掲書、119-120ページを参照されたい。

フェッションが、かかる監査類似業務に関与する場合の責任についても客観的な指針が必要である[50]と、業務範囲の明確化および関与責任の客観的指針を求める声もある。

最後に、「AICPAないしIFACの報告書等に見られる新たな領域での業務等の開発は、独立性を柱とした会計プロフェッションのプロフェッショナリズム（独立的な職業専門家としての誠実性を備えた職業意識）よりコマーシャリズム（利益指向の営利主義）重視の傾向に偏りつつあるように思われることから、今後とも十分な注意と検討が必要である。」[51]との警鐘も忘れてはならない。

5-3. ナラティブ・レポーティングに対する保証水準

非財務情報としての、事業報告、企業リスク情報、CSR報告書などの信頼性を保証する場合、保証内容はそれぞれの報告書や情報の種類によって異なると考えられる[52]。財務情報を対象とするものにも、正規の財務諸表のみならず四半期財務諸表、中間財務諸表、予測財務諸表などがあり、それらに対する監査などの保証業務では、それぞれ保証内容が異なっているのであるから、非財務情報に関する保証内容については、なおさらのことである。

松本［2012］は、「情報ニーズに対応する情報開示に保証が付けられたとしても、その開示情報の属性から、必ずしも一定の保証水準が確保できるわけではない。このため、業務実施者は、責任当事者との間での契約条件で、想定利用者が欲するレベルと、提供できる保証の水準に関する調整を盛り込むと共に、想定利用者に提供される保証報告書の中で、個々の主題情報ごとに異なる保証水準と、その根拠を明示するということも視野に入れた対応が必要になろう。」[53]と述べている。

山崎［2012］は、統合報告に対する保証モデルを提案し、その特徴について次

50　八田［1999］76ページを参照されたい。
51　八田［1999］79-80ページを参照されたい。
52　例えば内藤［2013］24ページを参照されたい。
53　松本［2012］86ページ。

のように述べている。「第1の特徴は、財務諸表及びその他の情報（MC、ガバナンスと報酬の報告及び持続可能性報告）という情報容器ごとの保証に関するものである。すなわち、財務諸表に対しては、各財務諸表項目の見積り及び不確実性の程度等によって、異なる水準の保証（合理的保証又は限定的保証）を提供するところに特徴がある。なお、財務諸表のそうした保証に関しては、財務諸表項目をどのような基準に基づいて区分すべきかについて、見積り及び不確実性以外の要因の利用可能性も含めて、さらに検討する必要がある。（中略）第2の特徴は、財務諸表とその他の情報について、見積り及び不確実性の程度等によって区分された項目ごとに、両者を横断した形で開示と整合性のチェックを行うところにある。こうした形での開示と整合性のチェックは、第1の特徴で指摘した開示と保証を補完するものであり、その他の情報については、財務諸表と連携性の高い、又は結合性が認められる情報を優先して開示することを促すことになる。」[54]と述べ、統合報告に対する保証モデルは、情報容器ごとの保証となり、監査とは異なる水準の保証、すなわち合理的保証あるいは限定的保証という形を取らざるを得ないとしている。また財務諸表とその他の情報を横断した形で開示と整合性のチェックを行い、第1の特徴で指摘した開示と保証を補完すべきであるとしている。

さて、ナラティブ・レポーティングに対する保証水準を検討する場合に最も注意すべきは、「期待ギャップ」についてである。「期待ギャップ」とは、周知のとおりAICPAの「コーエン委員会報告書」[55]において取り上げられた、監査人が引き受ける責任と、財務諸表利用者が監査人に対して抱く期待との間に発生するギャップのことである。同報告書では、例えば、次のように述べられている。「一般に、財務諸表利用者が、監査人の能力と監査人が与えることのできる保証について抱いている期待は、合理的であるように思われる。唯一の例外は、監査人に対して法的な行動を起こした人々の主張や監査人の責任を、新しい種類の情報にまで拡大すべきであるとの提案がなされている分野において、

54　山崎［2012］41ページ。
55　鳥羽［1990］。

財務諸表利用者の一部が抱いている期待の中に、ときどき見受けられる監査人の責任を過大視する考え方である。」[56]と、新しい種類の情報にまで監査人の責任を拡大しようとする場合、監査人の責任を過大視することが起こりがちで、そこに「期待ギャップ」が発生することがあると述べている。

今日の統合報告の議論の進展状況を垣間見るに、ナラティブな情報に関して、監査人はいかなる保証ができるのか、いかなる責任を引き受けられるのか、という問題を考えた時、「期待ギャップ」が発生する可能性が大きいのではないかと筆者は懸念する。ナラティブな情報の中でも、監査人にとっての専門内情報に近いもの、すなわち財務派生情報に対する保証と、専門外情報、すなわち例えば環境関連情報に対する保証では、区別が必要になることや保証水準にも差が出てくることは当然であるとしても、専門外情報に関して監査人が保証をすることが必ず必要なのか。それは当該専門分野の専門家が保証する場合と比べてどのような利点があるのか。その他にも、外部の専門家に監査人の専門外情報についての保証業務を担当させ、監査人はそれを包括した統合報告書全体に責任を負うことにするという方法も考えられるが、その方法ではどのような問題があるか検討する必要がある。

ナラティブな情報に関して、そして統合報告書に関して、監査人はどのような保証ができるのか、どのような責任を引き受けることができるのかを考えながら、「期待ギャップ」が発生しないよう、規準の作成をすすめていかなければならないが、千差万別のナラティブな情報に対する保証規準の作成も信頼性の付与も、監査人に過重な責任を押し付ける結果にならないよう慎重に行わなければならないと考える。

6. むすび

本章では、ナラティブ・リポーティングの重要性が認識されるようになって

56　鳥羽［1990］序章 xiii。

きたことを、『ジェンキンズ報告書』やIIRC「フレームワーク」を検討しながら論述した。『ジェンキンズ報告書』では、従来型の財務報告の枠組みに包含しきれない情報としての非財務情報を、利害関係者に対して開示する重要性を既に指摘していたことを確認した。IIRC「フレームワーク」では、「長期的価値創造」という観点から、「原則主義」アプローチを用いる統合報告書のフレームワークが提示されたことを確認した。

続いて、わが国における統合報告の先駆的企業である「タケダ」の「アニュアルレポート」を分析した。

そして、ナラティブ・レポーティングに対する第三者による保証の必要性についての検討では、投資意思決定に有用な非財務情報に対して、一定の保証を付与することによって、情報格差の是正ひいては情報の非対称性の問題を、部分的にせよ緩和することができることなどを論じた。

ナラティブ・レポーティングに対する保証の可能性についての検討では、財務諸表監査における高い水準の保証とは異なる水準での保証が前提になるとし、監査類似業務（レビュー、保証業務等）においては、業務範囲の明確化と関与責任の客観的指針が必要になることなどを論じた。

ナラティブ・レポーティングに対する保証水準についての検討では、保証内容はそれぞれの報告書や情報の種類によって異ならざるを得ないであろうことを論じた。

ナラティブな情報に関して、監査人はいかなる保証ができるのか、いかなる責任を引き受けることができるのかを検討しながら、「期待ギャップ」が発生しないよう留意して保証規準の作成をすすめていかなければならないが、その作業は、監査人に過重な責任を押し付ける結果にならないよう、慎重に行われなければならない。

【参考文献】

The International Integrated Reporting Committee (IIRC) [2011] *Discussion Paper, "Towards Integrated Reporting, -Communicating Value in the 21st Century, September."*
The International Integrated Reporting Council (IIRC) [2013a] *"Consultation Draft of the*

International <Integrated Reporting> Frame work, April."
——［2013b］*"The International <Integrated Reporting> Framework, December."*
伊豫田隆俊［2012］「監査目的の変遷に関する一考察」『會計』森山書店、2012年9月号。
上妻義直［2012］「現実味を帯びてきたCSR報告の制度化」『一橋ビジネスレビュー』東洋経済新報社、2012年夏号。
タケダ・アニュアルレポート（2013年版）
タケダCSRデータブック（2013年版）
鳥羽至英［1990］『コーエン委員会報告書・財務諸表監査の基本的枠組み―見直しと勧告』白桃書房。
内藤文雄［2013］「会計監査研究の貢献・限界と監査・保証業務への展望」『會計』森山書店、2013年1月号。
日本監査研究学会［2012］「2012・2013年度課題別研究部会『監査・保証業務研究』（中間報告書）」。
三代まり子［2012］「国際統合報告審議会（IIRC）による取組み―価値創造のための国際的なレポーティング・フレームワーク」『企業会計』中央経済社、2012年6月号。
八田進二［1999］「会計情報の拡大と監査可能性」『會計』森山書店、1999年4月号。
——・橋本尚（共訳）［2002］『アメリカ公認会計士協会・ジェンキンズ報告書―事業報告革命』白桃書房。
——［2008］「企業情報の拡大に伴う保証の範囲と水準」『會計』森山書店、2008年6月号。
——［2010］「開示情報の拡大に向けた動向」山崎秀彦（編著）『財務諸表外情報の開示と保証』同文舘出版。
藤田幸男・八田進二（監訳）［2000］『アメリカ会計プロフェッション―最重要問題の検証：改革の経緯と今後の課題』白桃書房。
古庄修［2012a］『統合財務報告制度の形成』中央経済社。
——［2012b］「統合財務報告制度の形成と課題」『国際会計研究学会年報』2011年度第2号。
松本祥尚［2012］「非財務情報に対する信頼性付与の必要性」『會計』森山書店、2012年9月号。
山崎秀彦（編著）［2010］『財務諸表外情報の開示と保証』同文舘出版。
——［2012］「統合報告に対する信頼性付与の可能性」『国際会計研究学会年報』2011年度第2号。

第11章 統合報告書に対する第三者保証

1. はじめに

2013年12月にIIRC（The International Integrated Reporting Council）が、「統合報告のフレームワーク」を公表したことを契機に、従来の年次報告書を財務情報と非財務情報とをまとめ上げた統合報告書として開示する企業が増加している。このように統合報告書公開企業が増加してくると統合報告書の信頼性についての関心が自ずと高まってくる。かかる状況下でIIRCは、2014年7月に統合報告の保証について議論を開始するために*Assurance on <IR> an Introduction to the Discussion*　*Assurance on <IR> an Exploration of Issues*という2つの文書を公表し、広く意見を募集した。両文書では統合報告の特性から保証のあり方についてまで議論すべき課題が幅広く取り上げられている。

統合報告書では、組織の長期にわたる価値創造についての報告が要請されているため、組織が利用し影響を与える広範な資本について説明することが求められている。具体的には、財務報告書の内容と非財務情報の中心的課題となるCSRやガバナンス等に対する取り組みを、長期的価値創造の観点から統合して報告することが求められるようになってきたのである。

第三者保証という観点から考えてみると、財務諸表に対する保証としての財務諸表監査は公認会計士による監査として制度的に確立したものとなっているが、最近ではその財務諸表監査においても、財務諸表よりも対象を拡大した財務報告としての保証のあり方や、監査報告書記載内容の詳細化、長文化による利害関係者への情報提供の必要性が取り沙汰されている。

そこで本章では統合報告書に対する保証の問題を取り上げ、統合報告書における第三者保証の現況を考察し、任意に公表されている統合報告書においても第三者が保証を付与する必要があるかどうか、あるとすればどのような課題があるかについて検討していきたい。

2.「国際統合報告フレームワーク」の誕生と統合報告書発行企業の増加

1994年に公表された『ジェンキンズ報告書』の勧告の中に次のようなものがある。

「事業報告に対する監査人の関与」について、勧告1は「事業報告書に対する弾力性のある監査人の関与を認め、それにより監査人が報告する情報の要素及びこうした要素に対する監査人の関与の程度が、企業と事業報告の利用者との間の合意によって決定されるようにすること。」[1]としている。その理由は「監査済み情報に対する利用者のニーズに違いがあるからである。たとえば、必要であると考える監査人の保証水準は利用者により異なる。監査を必要とする利用者もいれば、特定の状況下ではレビューといった、より低い水準の保証、あるいは全く保証を求めないことを容認する利用者もいる。（中略）また利用者は、財務諸表以外の情報に対する監査人の関与の有用性についても見解を異にする。それゆえ本委員会は利用者の多様な情報ニーズを満たすために、利用者ごとにあつらえた報告が必要であると考える。」[2]と述べている。

また、勧告2は「監査プロフェッションは、包括的モデルのすべての情報に関与できるよう準備し、企業と利用者が当該モデルのいかなる要素に対しても、保証を提供するよう求めることができるようにすべきである。」[3]ことも勧告し

1　八田・橋本（共訳）[2002]『アメリカ公認会計士協会・ジェンキンズ報告書―事業報告革命』白桃書房、190ページ。
2　同上書、191ページ。

ている。さらに、「本委員会は、包括的な事業報告モデルのさまざまな要素に対して、最大限の保証を報告することの本質に焦点を当てた。包括的事業モデルには固有の弾力性があるので、同じ事業報告書の中の異なる要素に対して、さまざまな保証水準の組み合わせを検討する機会がある。さらに、当該要素に含まれる情報の性質の多様性を踏まえると、現在利用可能な監査及びレビューという保証水準以外に、別の水準または様式の保証の提供も可能であろう。」[4]としている。

以上のように『ジェンキンズ報告書』は、①事業報告書に対する弾力性ある監査人の関与を認め、監査プロフェッションは、包括的モデルのすべての情報に関与できるよう準備すべきであるとするとともに、②現在利用可能な監査およびレビューという保証水準以外に、別の水準または様式の保証の提供も可能だとし、⑤基準設定主体は、利用者の情報ニーズを展望し、より長期的な視点に立つべきであると勧告した。

『ジェンキンズ報告書』は、従来型の財務報告の枠組みに包含しきれない情報としての非財務情報、すなわち企業の事業内容情報、企業が抱えるリスク情報、環境対策情報、コーポレート・ガバナンス情報などを利害関係者に対して開示する重要性を指摘した。そしてその流れは、1997年に公表されたアメリカ公認会計士協会（AICPA）「保証業務特別委員会報告書『エリオット委員会報告書』」および同年、国際会計士連盟（IFAC）が公表した「情報の信頼性についての報告」として進展してきた。

2010年に国際統合報告委員会（The International Integrated Reporting Committee）が設立され、その後現在の国際統合報告審議会（The International Integrated Reporting Council—以下IIRC）に名称を変更し、2011年9月には討議資料「統合報告に向けて—21世紀における価値の伝達」[5]を、2013年4月には「国際統合報告＜IR＞フレームワーク・コンサルテーション草案」[6]を公表した。

3　同上書、192ページ。
4　八田・橋本前掲書、195-196ページ。
5　IIRC［2011］.

パブリック・コメント手続きを経てIIRCは、2013年12月に「国際統合報告フレームワーク（*The International <IR> Framework*―以下『IRフレームワーク』または「FW」）」[7]を公表した。ここに統合報告書（Integrated report）とは「組織における外部環境の背景の中で、組織の戦略、ガバナンス、実績及び見通しが、いかにして組織の短期、中期、長期の価値創造に結びついていくのかについての簡潔なコミュニケーションである（「FW」1.1,「用語解説6」）。」と定義されている。

「IRフレームワーク」の「開示原則」としては、「戦略的焦点と将来志向」、「情報の結合性」、「ステイクホルダーとの関係性」、「重要性」、「簡潔性」、「信頼性と完全性」、「一貫性と比較可能性」が挙げられている（「FW」3.1）。

このうち、本稿と特に関連性を有するものとして「情報の結合性」がある。「IRフレームワーク」では、「統合報告書は、組織の長期間にわたる価値創造能力に影響を与える構成要素間の結合性、相互関連性、相互依存関係についての全体像を示すべきである（「FW」3.6）。」としている。「財務情報（financial information）と非財務情報（other information）の結合性（「FW」3.8）。」も、「情報の結合性」の1つであることが明示されている。したがって統合報告の範囲の確定は、まず財務報告を中核に位置付け、財務報告と「連携性」が高い情報、あるいは「結合性」が認められる情報まで拡大すべきであるということになる。

「実績及び見通し」については、「他の構成要素（例えば、温室効果ガス排出量と売上高との比率）を伴った財務基準を結合したKPI（Key Performance Indicators―主要業績評価指標―筆者注）あるいは重要な他の資本や他の因果関係の重要な結果からなる財務的影響を説明する財務諸表外情報は、他の資本とみなされている実績を伴う財務実績の接続性を実証することが多いかもしれない（「FW」4.32）。」としている。ただし「IRフレームワーク」は「原則主義」アプローチを採用しているため、KPIの具体的指標の列挙は行っていない。

IIRCが「IRフレームワーク」を公表したことを契機に、財務情報に経営戦略

6　IIRC［2013a］.
7　IIRC［2013b］.

や企業統治、環境対策等の非財務情報を加えた「統合報告書」を作成する企業がわが国でも増加してきた。その背景には日本版「スチュワードシップ・コード」や「コーポレート・ガバナンス・コード」の適用が企業に義務付けられたことも影響している。「企業価値レポーティング・ラボ（2015年9月まではESGコミュニケーション・フォーラム）」の調査[8]によれば、わが国における統合報告書発行企業数は、2004年の1社から2015年10月末には194社に増加し[9]、2017年には、統合報告書発行企業数は341社にまで増えた[10]。

3. 任意開示情報たる統合報告に関する外部保証

3-1. 情報の信頼性

「IRフレームワーク」は「信頼性」について、「情報の信頼性は、そのバランスや重大な誤りがないことに影響される。信頼性は、強固な内部統制や報告システム、利害関係者との契約、内部監査あるいはその類似機能、独立した外部からの保証といった仕組みによって影響される（FW3.40）。」と述べ、内部統制、内部監査、そして独立性を有する公認会計士による外部監査が連携・協力する報告システムによって「信頼性」が担保されることを強調している。IIRC

8　http://cvrl-net.com/archive/pdf/list2017_201802.pdf?201802

9　2015年度末までの統合報告書発行企業数は205社であった。
「統合報告書発行企業は、2015年度には205社と1年間で約4割増えた。2015年6月施行の企業統治指針が非財務情報の開示を促しており、投資判断に役立てるファンド、年金も多い。株式時価総額の大きな企業ほど統合報告書の発行に積極的だ。国際会計事務所KPMGの日本法人によると、15年度に統合報告書を発行した企業は全上場企業（約3,600社）の約5%にとどまるが、日経平均株価を構成する主要225社に限ってみると約4割（85社）まで広がっている。16年度は統合報告書の発行企業が主要225社中100社を超え、日経平均株価を構成する企業の約半数に達する可能性がある。」「日本経済新聞」2016年4月13日号。

10　KPMGジャパン「日本企業の統合報告書に関する調査2017」を参照のこと。
https: //home.kpmg.com/jp/ja/home/insights/2018/03/integrated-reporting-20180323.html.

［2014b］p.4では、統合報告の保証は（1）統合報告書の信頼性（credibility）、および（2）統合報告プロセスに対する信頼（trust）を確保するための主要な仕組みであるとしている。IIRC［2014a］p.9でも統合報告書に対する保証は（1）「フレームワーク」に従って作成された統合報告書自体に与えられるべきか、あるいは（2）統合報告書の作成プロセスに与えられるべきかが焦点になると述べられている。

IIRC（2014b）p.4と同様なことを、加藤［2006］は、情報の信頼性を「Trustとしての信頼」と「Credibilityとしての信頼性」に分けて論じている。まず「Trustとしての信頼」についてLuhmannを援用して、「『信頼は社会の複雑性を縮減するためのメカニズム』だとしている。すなわち、高度に複雑化した社会において、ある行動を起こそうとする際に、関係する情報を集めて自ら合理的に判断しようとした場合、人間の能力に限界があるために、取り得る行動が極度に制約されてしまうことになる。他人ならびに社会システムを信頼することにより、リスクを負うことにはなっても行動の可能性は、信頼を用いない場合に比べてはるかに広がるのである。これを情報の信頼性について考えてみると、情報発信者に対する信頼をもって情報の信頼性を判断するということは、われわれがごく普通に行っていることである。例えば、メディアで報道される内容について、視聴者や読者の各個人が逐一その正しさについて検証している訳ではない。全く鵜呑みにするわけでもないが、ある程度信頼性があるものと受け止めるのが普通であろう。」と述べている。さらにSolomon & Floresを援用して、「信頼は無条件なものではなく、信用する対象や文脈に応じてその範囲が限定されるとしている。例えば郵便配達人を、郵便を配達してくれることについては信頼するが、突然家に上がり込んだりすれば疑念を抱く。このように信頼というのは、『誰を』（信頼の対象）、『何について』（信頼の範囲）信頼するかという形で限定される。」と述べている。

続けて「Credibilityとしての信頼性」について次のように述べている。「情報の信頼性（Credibility）とは何であろうか。情報の内容にもよるが、情報が事実や知識に関するものである場合には、その内容の真偽や正確さが問題となるであろう。一方、内容が意見である場合には、情報を受け取る人の立場や状況によって当然受け止め方が変わるので、真偽そのものは一意に決定できない。情報の信頼性というのは、情報の真偽や正確さと等価ではない。もし情報の真偽や正確さが分かっているのであれば、その情報の信頼性を問題にする必要はそもそもないであろう。むしろ情報の信頼性というのは、情報の真偽や正確さそのものは分からないが、それを推定するために利用するものであると言える。つまり情報の信頼性とは、ある主体にとって、ある情報に含まれている内容が真実であるか、どれくらい正確であるかという信念を形成するのに利用されるさまざまな特性のことを指すと考えられる。」要するに、情報の信頼性は、情報の受信者が受け取った情報そのものを見て判断する信頼性（Credibility）と、受け取った情報の発信者、メディア、発信のプロセスといったいわゆる「情報の出所」に対する信頼（Trust）に基づいて判断される信頼性に区別できるということである。

3-2. 発信者に基づく情報の信頼性評価

情報の信頼性を考える上で、誰がその情報を発信したのかは重要な判断材料の 1 つである。例えば病気のことについて、専門家である医師の発言であれば重みを持って受け止められるが、正しい医学的知識を有しているかどうか分からない一般の人の意見だと、その情報の正しさについてある程度割り引く必要があると考えてしまう[11]。

発信者の信頼性を構成するもう 1 つの要素は、発信者の能力に対する期待としての信頼である。発信者が医師であれば医学的知識に関しての情報は信頼できるといったように、個々の発信者の知識、専門性、経験に対する評価に基づいて、発信者にある程度の能力があることを期待し、発信される情報が信頼される[12]。

これを統合報告書に対して当てはめてみれば、「第三者の保証」がなされ、そ

11　加藤［2006］6 ページ。

12　加藤［2006］8 ページ。

の「第三者」が公認会計士であった場合、財務諸表関連事項については一定の信頼性を有すると判断することができるということになろう。

4. 統合報告書における保証問題

統合報告書が経営者からみて満足できる水準に達していようと、また、いかに詳細に雄弁に非財務情報が語られていようと、それはあくまでも経営者が作成・発信した情報であり経営者の主観的産物であるので、第三者の保証が必要となってくることがある。

アメリカにおいては『ジェンキンズ報告書』の公表を契機に、企業を取り巻くあらゆる状況での意思決定に利用される広範な情報に対して、一定の保証を与えることに監査人が関与すべきであるとして、財務諸表監査とは保証水準の異なる保証業務への対応が検討されるようになった[13]。

それは非財務情報が、その基礎にある主題（例えば気候変動の状況）に対して、測定･評価の規準の適用結果を適切に反映しない場合に､重要な点について誤って表示される可能性が生じるならば、非財務情報利用者の当該情報に対する信頼の程度を損なうことになるため、非財務情報に対する保証業務が必要となる[14]ことを意味する。投資意思決定に有用な非財務情報に対しても、一定の保証を付与することによって､情報格差の是正ひいては情報の非対称性の問題を、部分的にせよ緩和することができるのであって、この意味において保証業務は情報の持つ契約支援機能を高めるという経済的帰結をもたらす[15]ものであるといえる。

13　八田［1999］72ページを参照されたい。
14　日本監査研究学会［2012］14ページを参照されたい。
15　伊豫田［2012］127ページ。

5. 統合報告書における保証の現況

5-1. KPMGレポート

KPMGレポート2013（*The KPMG Survey of Corporate Responsibility Reporting 2013*）[16]によれば、企業責任報告書（統合報告書）の外部保証は、フランスや南アフリカは調査対象41カ国中、他に先駆けて強制的保証を求めているが、大半の国々においては自発的実施にとどまっているという。

N100（世界41カ国の100大企業）における2013年の企業責任報告書に対する保証の割合は38%で、2011年と同じである。企業責任報告書に対する保証を選択したN100グループ会社の内72%が限定的保証であり、10%が合理的保証、8%が限定的保証と合理的保証のとの組み合わせを選択している。また企業責任報告書に対する保証を選択したN100グループ会社の内、過半数（52%）が企業責任報告書の一部の指標や部分でなく、当該報告書全体の検証を選択しており、過半数（67%）の会社が保証業務の提供に関して大手会計士事務所を選択している。これに対して企業責任報告書を公表している世界的大会社250社、いわゆるG250（フォーチュン・グローバル500の上位250社の企業責任報告）における同報告書に対する保証の割合は、N100グループ会社とは対照的に2011年の46%から上昇し、過半数（59%）を超え転換点に到達している。G250グループは報告トレンドを過去20年間にわたってリードしてきているため、こうしたトレンドは数年以内にN100会社でも反映されるであろう[17]としている。

KPMGレポート2015（*The KPMG Survey of Corporate Responsibility Reporting 2015*）[18]は、「企業責任報告書に対する第三者保証は、世界的大企業を集めた

16　https://www.kpmg.at/publikationen/publikationen-details/1858-the-kpmg-survey-of-corporate-responsibility-reporting-2013.html.

17　「KPMGレポート2013」（*The KPMG Survey of Corporate Responsibility Reporting 2015*）33ページ。

18　「KPMGレポート2015」（*The KPMG survey of corporate responsibility reporting 2015*）

（G250）において、今日では標準的実践としてゆるぎない地位を確立した。G250の63%の企業において、企業責任報告書は自主的に第三者の保証を受けている。N100の大企業においても第三者保証は、2011年から2013年までの停滞時期の後で増加している。」[19]ことを明らかにしている（図表11-1、11-2）。

図表11-1　企業責任報告書に対する保証付与企業の割合

	2002年	2006年	2008年	2011年	2013年	2015年
N100	27%	33%	39%	38%	38%	42%
G250	29%	30%	40%	46%	59%	63%

出所：「KPMGレポート2013」、「KPMGレポート2015」を基に筆者作成。

図表11-2

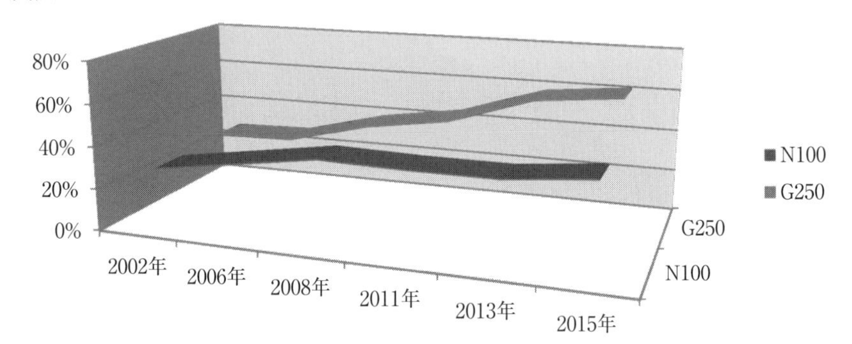

出所：図表11-1を基に筆者作成。

G250の大企業においてもN100の大企業においても、企業責任報告書に対する第三者保証の市場は、「大手会計事務所系会社」によって支配され続けている。N100においてもG250においても、「その他の保証事業者（例えば環境認証機構

---

https://home.kpmg.com/content/dam/kpmg/pdf/2016/01/corporate-responsibility-reporting-survey-2015-au-findings.pdf.）
https://home.kpmg.com/xx/en/home/insights/2015/11/kpmg-international-survey-of-corporate-responsibility-reporting-2015.html.
http://www.execed.kpmg.com/content/PDF/kpmg-ma-outlook-2015-web.pdf.

19　「KPMGレポート2015」40ページ。

等―筆者注)」による保証は 3～5%増加しているが、その市場占有率は 2013 年以来、N100、G250 両企業グループにおいて減少している（図表 11-3、11-4)。

小澤［2013］(142-143 ページ) は、「会計事務所をバックグランドに持つ保証付与者は、リスク評価や当該リスクへの適切な対応、そして合理的な水準での保証の報告といった監査業務で培ったものの多くを、CSR 報告書の保証業務へ応用することができるという長所を有する。また会計事務所が築きあげてきたレピュテーションは、保証付与者としての資格を十分に満たす。すなわち財務諸表の保証という会計事務所特有のスキルとこれまでの経験は、保証報告書の利用者には、十分に信用できるものとして映るだろう。」と述べているが、財務諸表監査における「監査基準」のような遵守すべき規定が、統合報告書の保証に

図表 11-3　第三者保証事業者（N100）内訳

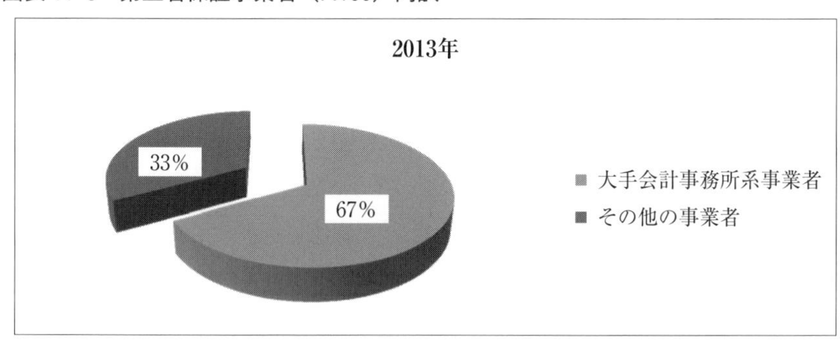

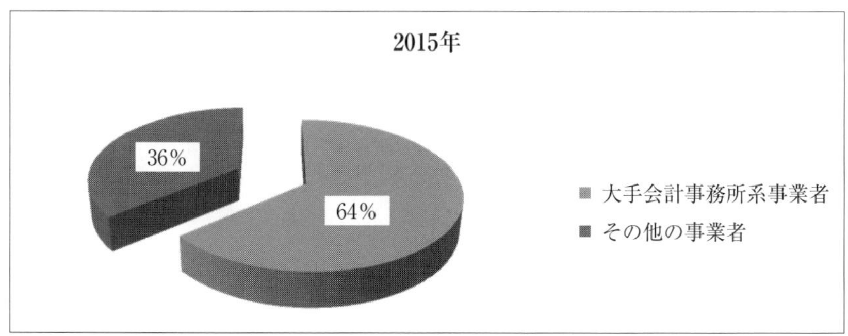

出所：https://assets.kpmg.com/content/dam/kpmg/pdf/2015/11/kpmg-international-survey-of-corporate-responsibility-reporting-2015.pdf.p.40. を基に筆者作成。

ついて設定されていない現状において、そのような長所、レピュテーション、信用こそが、かえって統合報告書の作成会社とその読者の間に「期待ギャップ」を拡大させ、ひいては保証業務に対する信頼を喪失していくことになるのではないかと筆者は懸念する。

図表 11-4　第三者保証事業者（G250）内訳

2013年

30%

70%

大手会計事務所系事業者

その他の事業者

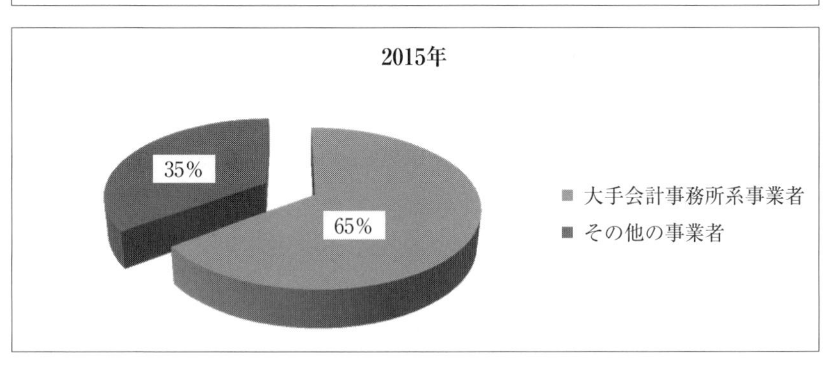

出所：https://assets.kpmg.com/content/dam/kpmg/pdf/2015/11/kpmg-international-survey-of-corporate-responsibility-reporting-2015.pdf.p.40 を基に筆者作成。

5-2. IIRC ・DATAbase に登録されている統合報告書

牟禮［2015］は保証の全体的特性を把握するため、IIRC DATAbase[20] に登録さ

[20] http://www.esgcf.com/archive/a_repo.html.

れている統合報告書（83社）のうち、何らかの形で第三者の保証が付されているのは56社（67.5%）であったことを明らかにしている。そしてその56社のうち4社は、1社につき2件の保証を付していたため全体として60件の保証を対象に、保証実施者、保証水準、保証基準などについて分析している。それによると保証実施者はbig4（大手会計事務所）系が39件（65%）であり、保証水準については、限定的（またはmoderate）が46件（76.7%）と最も多いものの合理的保証（またはhigh）については、限定的保証と合理的保証の組み合わせ（混合）を合わせて10件（16.7%）において実施されていたことを明らかにした。また保証基準としては、ISAE3000が38件（63.3%）と最も多かったとしている（図表11-5、11-6、11-7）。

図表11-5　保証実施者（IIRC DATAbase登録企業）の内訳

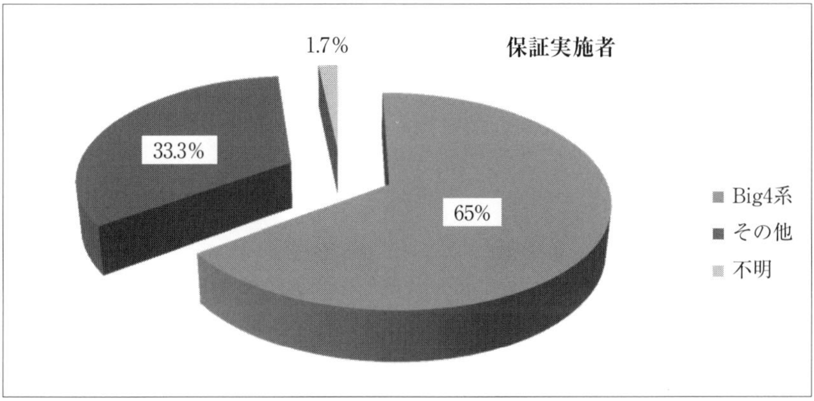

保証実施者
1.7%
33.3%
65%
Big4系
その他
不明

出所：IIRC DATAbase.

図表 11-6　保証水準

保証水準	保証水準
限定的(moderate)	76.7%
合理的(high)	6.7%
混合	10.0%
不明	6.6%

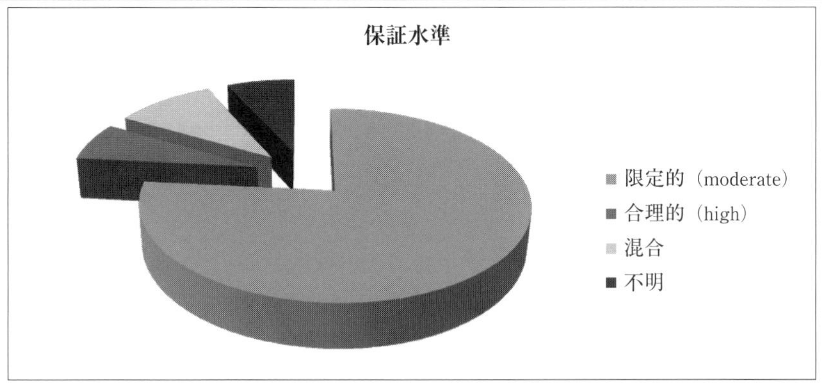

出所：IIRC DATAbase.

図表 11-7　保証基準（複数の基準を採用している場合があるため合計は 100%にはならない）

保証基準	割合
ISAE3000	63.3%
ISAE3410	16.7%
ISO14064	6.7%
AA1000AS	18.3%
その他	35.0%

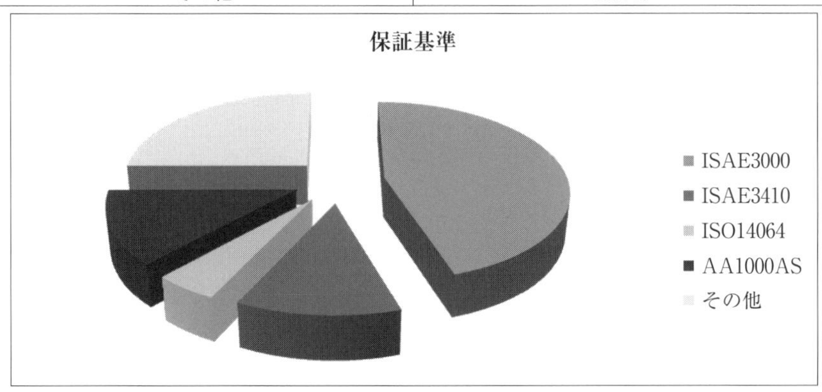

出所：IIRC DATAbase.

5-3. ESGコミュニケーション・フォーラム（現「企業価値レポーティング・ラボ」）「国内統合レポート発行企業リスト」の統合報告書

牟禮［2015］はまた、ESGコミュニケーション・フォーラム「国内統合レポート発行企業リスト」により、わが国141社の統合報告書も分析している。それによれば141社の報告書について、何らかの形で第三者の保証が付されているのは15社（10.6%）であり、保証ではないものの第三者が報告書について感想を述べる第三者意見は26社（18.4%）であったことを明らかにしている。これは2.「IIRC DATAbaseに登録されている統合報告書」で国際的な企業を対象にした場合が67.5%であったことと比べると低水準である（図表11-8）。

また保証水準としては合理的保証を採用しているところはなく、限定的保証が圧倒的に多かった。そして保証基準としてはおおむね複数の基準を採用しており、その中でもISAE3000を採用しているところが13件（76.5%）と最も多くなっていた（図表11-9、11-10）。

図表11-8　保証事業者

保証事業者	割合
監査法人（big4）系	58.8%
その他	41.2%

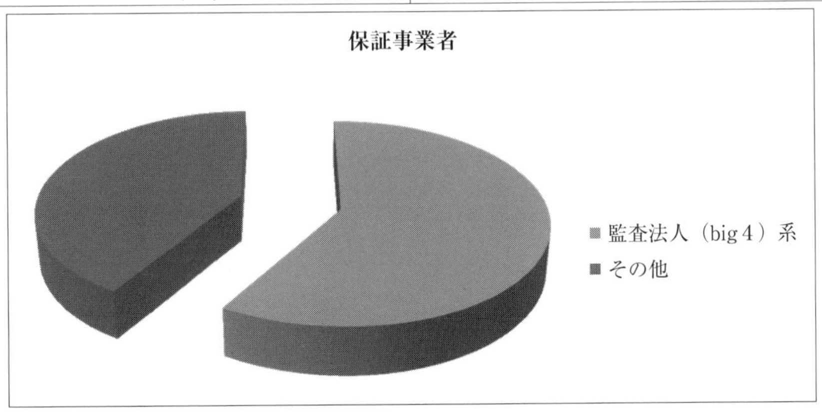

出所：http://www.esgcf.com/archive/a_repo.html

図表 11-9　保証水準

保証水準	割合
限定的保証	88.2%
合理的保証	0
不明	11.8%

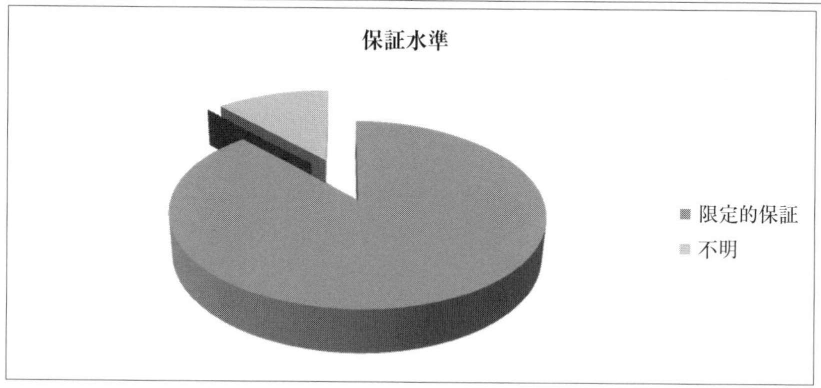

出所：http://www.esgcf.com/archive/a_repo.html

図表 11-10　保証基準（複数の基準を採用している場合があるため合計は 100%にはならない）

保証基準	割合
ISAE3000	76.5%
ISAE3410	47.1%
ISO14064	23.5%
AA1000AS	5.9%
その他	47.1%
	5.9%

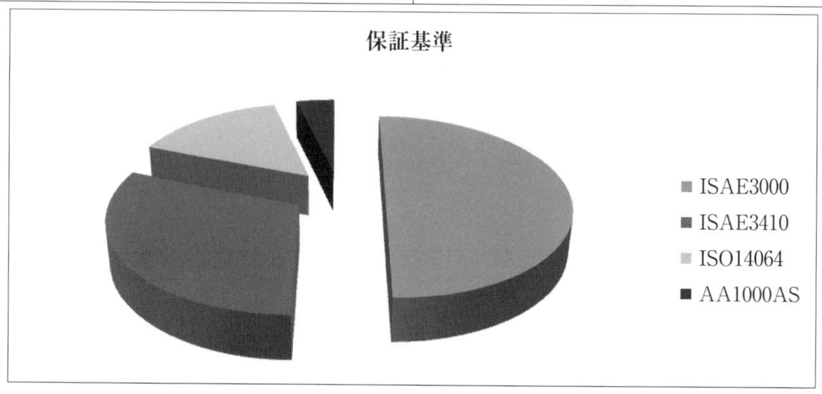

出所：http://www.esgcf.com/archive/a_repo.html

6. 第三者保証の可能性と保証水準

6-1. 保証の可能性

『ジェンキンズ報告書』によれば、利用者はMD&Aに関する監査人の報告を支持しないように思われるという[21]。その理由は、①利用者は監査人が関与することによって、検証困難ではあっても利用者にとっては重要である主観的な情報を、経営者が報告することを思い止まらせてしまうかもしれないという懸念と、②利用者は、監査人が経営者の討議を効果的に監査するために必要な事業および技能に精通しているかどうかを疑問視していること、および③利用者にとってMD&Aは、事業に関する経営者の視点をうかがい知る場と考えられており、外部者がかかる見解の伝達に介入することを望んでいないという懸念を彼らが抱いているからであるとしている。

また、包括的モデルの要素に含まれる一部の情報は、ほとんど全面的に、経営者の信念、意図および予想によって構成されており、多くの場合、かかる主張の真実性を支持するために利用可能な客観的証拠はほとんどなく、監査人は、開示が完全であるかどうかを決定することが困難となる可能性がある[22]との懸念も指摘されている。

さらに合衆国会計検査院も、「監査人は、財務諸表以外のある種の情報に関連する技能及び専門知識を持っていないかもしれない。監査人が保証を求められる可能性のある情報の中には、科学技術上の達成または見通しにかかわる経営者の考えや予測といったものもあろうが、それらは現在の監査人の評価能力を超えるものである。評価が困難な将来予測情報や事業用ソフト関連資産を含むような非財務情報の証明を求められるようになれば、会計プロフェッションは一層困難な問題に直面することになるだろう。」[23]と危惧している。さらにそこ

21　八田・橋本前掲書、188-189ページを参照されたい。
22　八田・橋本前掲書、193ページを参照されたい。

では、拡大された保証業務に対する需要は、経営者の需要に応えるだけのものであってはならず、利用者のニーズが重要である[24]ことが強調されている。

その点について第10章で取り上げた武田薬品工業株式会社の最近の事例「糖尿病治療薬について7年以上もガン発症リスクを隠し具体的な警告を発するのを怠ったのは、偶然や過失ではないと訴えられた訴訟で敗訴し、莫大な賠償金の支払いを命じられたケース」[25]を振り返ってみたい。

同社の統合報告書では「優れた医薬品の創出」を通じた企業価値の創造を謳っている。また「Creating Corporate Value（医薬事業による企業価値創造）」の中に、品質保証体制の強化を盛り込んでいる。さらに「CSRの根幹とは、ミッションである『優れた医薬品の創出を通じて人々の健康と未来の医療に貢献すること』、すなわち『医薬事業』そのものにある。そしてそのミッションを実現するためには、同時に、医薬事業における、研究開発から調達、生産、物流、マーケティングまでのバリューチェーン上で社会に及ぼす多様な影響を、事前に認識した上で、『事業プロセス』全体の健全性の維持・向上に努めること、また、『企業市民』として、社会の持続可能性を高める活動に関わることが重要であると考えている。」と書かれている。

同社の統合報告書が（保証のレベルの高低はともかくとして）監査人の保証を受けていたと仮定した場合、提訴された当該糖尿病治療薬は「優れた医薬品」だと監査人が保証したということになるのかならないのか、莫大な賠償金額に対して監査人の責任は発生するのかしないのか、また同社の「品質保証体制」の万全性については、どのような手続きを経てどのような保証が可能になるの

23　藤田・八田前掲書［2000］118ページ。
24　同上書、120ページ。
25　第10章で述べた、ルイジアナ州ラファイエットの連邦地裁陪審による巨額賠償金支払い義務認定後、2015年4月30日付けの日本経済新聞は、「武田薬品工業は29日、複数の原告団と和解に向け合意したと発表した。和解金は3000億円に迫り、日本企業では最大規模と見られる。和解金のほか訴訟費用など総額27億ドル（3241億円）の引当金を前期業績に計上するため、前期の連結最終利益は、従来の650億円の黒字見通しから一転して1450億円の赤字となる。武田が最終赤字になるのは1949年の上場以来、初めて。」と報じている。

か、「品質保証体制」に保証を付与した監査人は、その後発生した賠償金に無関係で済むのか、さらに、同社の統合報告書に保証を付与した監査人は、同社がミッションとしている「優れた医薬品の創出を通じて人々の健康と未来の医療に貢献すること」を同社が忠実に実践していたと保証したことになるのか、また『事業プロセス』全体の健全性の維持・向上に努めたことを保証できるのか、など非財務情報や統合報告書に対する監査人の保証についての課題は多い。

上妻［2012］は、世界で初めて上場企業に統合報告書の作成を義務付けた南アフリカの事例を引き合いに出して、同国では統合報告において、どの程度の開示水準なら有用とされるかについての判別基準がないため、実務の現場は混乱していることを論述している[26]。

さらに、「現在の監査人と被監査会社との関係及びそれが引き起こす独立性の認識も、綿密な検討に値する。監査人が、拡大された証明機能を利用する人々から十分には信頼されないとすれば、会計プロフェッションにとって監査人の独立性は大きな問題となろう。客観的で懐疑的でしかも批判的でさえあるという伝統的な監査人の価値は、保証業務を提供する上で重要な側面である。会計プロフェッションは、このような重要な監査人の特質が、価値を無くしてしまうような新しい領域にまで業務が拡大されないように、独立性に関する問題に注意深くなる必要がある。さらに、『ジェンキンズ報告書』が強調しているように、経営者が会計基準及び他の非財務情報を適切に使用しているかについての監査人のコメントは、経営者と監査人との関係の本質的な変化を必要とするであろう。なぜなら、今日の環境におけるそのようなコメントの表明は、経営者から干渉とみなされるかもしれないからである。」[27]との意見も傾聴に値する。

また、財務諸表監査における高い水準の保証とは異なる保証水準での提供を前提とする、いわゆる監査類似業務（レビュー、保証業務等）については、監査人が関与すべき業務の範囲について明確な識別が必要であり、また、会計プロフェッションが、かかる監査類似業務に関与する場合の責任についても客観的

26　上妻前掲論文［2012］86ページを参照されたい。
27　藤田・八田前掲書、119-120ページを参照されたい。

な指針が必要である[28]と、業務範囲の明確化および関与責任の客観的指針を求める声もある。

最後に、「AICPA ないし IFAC の報告書等に見られる新たな領域での業務等の開発は、独立性を柱とした会計プロフェッションのプロフェッショナリズム（独立的な職業専門家としての誠実性を備えた職業意識）よりコマーシャリズム（利益指向の営利主義）重視の傾向に偏りつつあるように思われることから、今後とも十分な注意と検討が必要である。」[29]との警鐘も忘れてはならない。

6-2. 保証の水準

非財務情報としての、事業報告、企業リスク情報、CSR 報告書などの信頼性を保証する場合、保証内容はそれぞれの報告書や情報の種類によって異なると考えられる[30]。財務情報を対象とするものにも、正規の財務諸表のみならず四半期財務諸表、中間財務諸表、予測財務諸表などがあり、それらに対する監査などの保証業務では、それぞれ保証内容が異なっているのであるから、非財務情報に関する保証内容については、なおさらのことである。

松本［2012］は、「情報ニーズに対応する情報開示に保証が付けられたとしても、その開示情報の属性から、必ずしも一定の保証水準が確保できるわけではない。このため、業務実施者は、責任当事者との間での契約条件で、想定利用者が欲するレベルと、提供できる保証の水準に関する調整を盛り込むと共に、想定利用者に提供される保証報告書の中で、個々の主題情報ごとに異なる保証水準と、その根拠を明示するということも視野に入れた対応が必要になろう。」[31]と述べている。

山﨑［2012］は、統合報告に対する保証モデルを提案し、その特徴について次のように述べている。「第 1 の特徴は、財務諸表及びその他の情報（MC、ガバナ

28　八田［1999］76 ページを参照されたい。
29　八田［1999］79-80 ページ。
30　例えば内藤［2013］24 ページを参照されたい。
31　松本［2012］86 ページ。

ンスと報酬の報告及び持続可能性報告）という情報容器ごとの保証に関するものである。すなわち、財務諸表に対しては、各財務諸表項目の見積り及び不確実性の程度等によって、異なる水準の保証（合理的保証又は限定的保証）を提供するところに特徴がある。なお、財務諸表のそうした保証に関しては、財務諸表項目をどのような基準に基づいて区分すべきかについて、見積り及び不確実性以外の要因の利用可能性も含めて、さらに検討する必要がある。（中略）第2の特徴は、財務諸表とその他の情報について、見積り及び不確実性の程度等によって区分された項目ごとに、両者を横断した形で開示と整合性のチェックを行うところにある。こうした形での開示と整合性のチェックは、第1の特徴で指摘した開示と保証を補完するものであり、その他の情報については、財務諸表と連携性の高い、又は結合性が認められる情報を優先して開示することを促すことになる。」[32]と述べ、統合報告に対する保証モデルは、情報容器ごとの保証となり、監査とは異なる水準の保証、すなわち合理的保証あるいは限定的保証という形を取らざるを得ないとしている。また財務諸表とその他の情報を横断した形で開示と整合性のチェックを行い、第1の特徴で指摘した開示と保証を補完すべきであるとしている。

6-3.『IRフレームワーク』と『GRIガイドライン』の相違点

GRIは1997年にCERES（Coalition for Environmentally Responsible Economies：セリーズ）とUNEP（United Nations Environment Program：国連環境計画）によって共同設立された非営利組織であり、「規模、セクターあるいは地理的条件を問わず、あらゆる組織が利用できるサステナビリティ報告のための信頼できる確かな枠組みを提供すること」を目的としている。GRIはマルチ・ステイクホルダーの立場から、これまでG1（2000年）・G2（2002年）・G3（2006年）・G3.1（2011年）・G4（2013年5月）のガイドラインを公表・改正してきている。わが国のみならず多くの企業はサステナビリティ報告書を作成する際にはこの

32　山﨑［2012］41ページ。

GRI ガイドラインを参照しており、グローバルなデ・ファクト・スタンダードとして機能している。IIRC と GRI は組織としては非常に近しい関係にあるが、両組織間には非財務情報に対する考え方に重要な相違が存在すると考えられる。そこで『IR フレームワーク』と『GRI ガイドライン』を比較検討することによって、両者の違いを明らかにしたい。

統合報告書は短期・中期・長期の価値創造プロセスを経営者が語る場であるが、当該期間における戦略目標をどの程度達成したかを説明するために、ガバナンス構造、6つの資本の組み合わせ資本への影響に関するアウトカム、企業リスク等についての定量的、定性的な情報として明らかにする必要がある。『IR フレームワーク』は原則主義アプローチを採用しているのでフレームワークを提示するにとどまり、具体的な指標や内容を列挙することはしていない。KPI として売上高と温室効果ガス排出量との比率などを例示するにとどまっている。したがって『IR フレームワーク』が「比較可能性」を標榜するのであれば、定量化、指標化を促進し具体的な数値等を提示することで企業間の比較可能性を高めていくべきであると考える。

その点において『GRI ガイドライン（G4)』では、「一般標準開示項目」と「特定開示項目」に分けてあり、それぞれの項目で中核（core）と包括的（comprehensive）の準拠性（in accordance）の2つのレベルを設定している。すなわち『GRI ガイドライン（G4)』は細則主義アプローチを採用していると言える。

『IR フレームワーク』の統合報告指導原則と GRI 報告原則を比較してみると、GRI の「網羅性」に対して IIRC は「簡潔性」を指導原則にしていることがわかる。非財務情報には財務諸表のような共通の指標がない。いかにして比較可能性を確保すべきなのか両者が具体的に提示しないことには議論は進まない。

7. むすび

今日の統合報告に関して、監査人はいかなる保証ができるのか、いかなる責任を引き受けられるのかという問題を考えた時、統合報告書作成会社と保証書

作成会社と保証書読者の間には「期待ギャップ」が発生する可能性が大きい。非財務情報の中でも、監査人にとっての専門内情報に近いもの、すなわち財務派生情報に対する保証には信頼性を付与することができるとしても、専門外情報、すなわち例えば環境関連情報に対する監査人の保証は、財務諸表監査とは保証水準に差が出てくることは当然ながら、そもそも専門外情報に関して監査人が保証をすることが必要なのか。それは当該専門分野の専門家が保証する場合（例えば環境保護指標に対して日本環境認証機構が行う保証）と比べてどのような利点があるのか。

また、外部の専門家に監査人の専門外情報についての保証業務を担当させ、監査人はそれを包括した統合報告書全体に責任を負うことにするという方法も考えられるが､その方法ならば問題はないのかという点も検討する必要がある。細則主義アプローチではなく原則主義アプローチが前提となっている統合報告書の保証について､非財務情報に関して監査人はどのような保証ができるのか、どのような責任を引き受けることができるのかを慎重に考えていかなければならない。

【参考文献】

KPMG［2013］*The KPMG Survey of Corporate Responsibility Reporting 2013.*

――［2015］（2015）*The KPMG Survey of Corporate Responsibility Reporting 2015.*

The International Integrated Reporting Committee（IIRC）［2011］*Discussion Paper, "Towards Integrated Reporting, − Communicating Value in the 21st Century, September."*

――［2013a］*Consultation Draft of the International <Integrated Reporting> Frame work, April.*

――［2013b］*The International <Integrated Reporting> Framework, December.*

――［2014a］*Assurance on <IR> an Introduction to the Discussion.*

――［2014b］*Assurance on <IR> an Exploration of Issues.*

アメリカ公認会計士協会 , 監査人の責任委員会（編）・鳥羽至英（訳）［1990］『コーエン委員会報告書・財務諸表監査の基本的枠組み―見直しと勧告』白桃書房。

池田公司［2013］「統合報告における信頼性保証のあり方」『現代監査』No.23、日本監査研究学会。

伊豫田隆俊［2012］「監査目的の変遷に関する一考察」『會計』第182巻第3号、森山書店。

小澤康裕［2013］「CSR報告書に対する保証付与者の選択要因」『立教経済学研究』立教大学、第67巻第1号。

加藤義清［2006］「情報コンテンツの信頼性とその評価技術」。http://kc.nict.go.jp/project1/infocred.pdf.

上妻義直［2012］「現実味を帯びてきたCSR報告の制度化」『一橋ビジネスレビュー』第60巻第1号、一橋大学イノベーション研究センター。

国際会計研究学会［2014］「第32回研究大会研究報告要旨集」。

――［2015］「国際会計研究学会研究グループ報告―国際統合報告フレームワークの形成と課題」。

小森清久［2014］「統合報告におけるナラティブ・レポーティング」『経営情報科学』愛知工業大学経営情報科学学会、第9巻第2号。

内藤文雄［2013］「会計監査研究の貢献・限界と監査・保証業務への展望」『會計』森山書店、2013年1月号。

日本監査研究学会［2012］「2012・2013年度課題別研究部会『監査・保証業務研究』(中間報告書)」。

八田進二・橋本尚（共訳）［2002］『アメリカ公認会計士協会・ジェンキンズ報告書―事業報告革命』白桃書房。

――［2008］「企業情報の拡大に伴う保証の範囲と水準」『會計』森山書店、2008年6月号。

――［2010］「開示情報の拡大に向けた動向」山﨑秀彦（編著）『財務諸表外情報の開示と保証』同文舘出版。

藤田幸男・八田進二（監訳）［2000］『アメリカ会計プロフェッション―最重要問題の検証：改革の経緯と今後の課題』白桃書房。

古庄修［2012a］『統合財務報告制度の形成』中央経済社。

――［2012b］「統合財務報告制度の形成と課題」『国際会計研究学会年報』2011年度第2号。

松本祥尚［2012］「非財務情報に対する信頼性付与の必要性」『會計』森山書店、2012年9月号。

向山敦夫［2015］「『国際統合報告フレームワーク』の論点と経営分析への影響」『年報経営分析研究』日本経営分析学会、第31号。

牟禮恵美子［2015］「統合報告書の保証実態からみた保証の課題」『会計プロフェッション』青山学院大学、第10号。

山﨑秀彦（編著）［2010］『財務諸表外情報の開示と保証』同文舘出版。

――［2011］「監査人報告変革の方向性」『会計・監査ジャーナル』2011年7月号。

――［2012］「統合報告に対する信頼性付与の可能性」『国際会計研究学会年報』2011年度第2号、2012年。

結　章

第１章では、コーポレート・ガバナンスの観点から、わが国の経営監督制度について検討を加えた。監査役会設置会社において代表取締役が社長であり、あるいは代表取締役が代表執行役であるケースが多く、委員会設置会社においても取締役が執行役を兼務しているケースが多い。いずれの形態を採用していても業務執行機能と経営監督機能の分離は、多くの企業において実現していないことが最大の課題であることを論じた。

わが国において経営監督機能と業務執行機能を分離させることがコーポレート・ガバナンス上、好ましいと考えるのであれば監査役会設置会社における代表取締役と社長、あるいは代表取締役と執行役員の兼務を禁止させるべきであるし、委員会設置会社においても、取締役の執行役兼務も見直すべきである。経営監督と業務執行の分離を促進していない会社に、コーポレート・ガバナンスを語る資格はないことを明らかにした。

第２章では、監査役監査は理論的・制度的には大幅な拡充・強化が図られてきたとはいえ、実効性については不十分であることを論じた。その最大の原因は、法律上は監査役の選任・解任権が、株主総会に付与されていると言いながら、株主総会の形骸化によって実際の人事権が、監査対象たる取締役会ひいては社長に掌握されていることにある。さらに実際の運営上も社内監査役が多いと、代表取締役等の取締役会構成員に対しては上司意識や仲間意識に支配され、監督機関としての中立性、独立性を保持して機能発揮をすることは実際上期待し難い面があることも原因の１つである。

社外監査役は業務監査のみならず会計監査の職務権限を有する。大会社の監査役は会計監査については職業的専門家である会計監査人の監査を信用して、会計監査以外の業務監査に重点を置いて良いと言われることがあるが、業務監査と会計監査は表裏一体であることを忘れてはならない。

監査役監査の職務権限が取締役の職務執行の適法性のみを対象にするのか、

その妥当性にも及ぶのかについては、適法性監査と妥当性監査の境界を明確に設定しながら監査実務を行うことは困難であるし、妥当性をも含めて監査して初めて違法な行為を摘出できる等の理由から、「著しく不当な」事項が存在していないかどうかの妥当性監査も行いうると解すべきである。

会社機構については、抜本的に改革してドイツ式の二元機構制とし監査役会を取締役会の上位に位置付けて取締役の監督に当らせるのが望ましいと筆者は考える。

第3章では、「試案」の内容を提示した後、検討を加えた。第1に、「試案」では社外取締役の増加が期待でき、ひいては執行と監督の分離の促進に資することになるため、監査・監督委員会設置会社の新設に筆者は賛成した。第2に、監査・監督委員会には、監査役会設置会社における監査役と同様、「常勤者の存在」と「独任制」を求めたい。第3に、取締役の独立性を担保するためには、社外取締役および社外監査役の要件に「親会社の関係者でない者」という要件を追加すること、および「経営者の近親者でない者」であることを追加すべきである。第4に、社外取締役の要件に係る対象期間の限定については、人間の義理人情は10年間では廃れないことを考慮すれば「社外取締役として就任する前の全期間」の独立性を問う必要があると考える。第5に、取締役および監査役責任の一部免除については、会社法の責任限定契約条項の立法趣旨は、社外取締役、社外監査役の過大な責任負担を軽減し人材の確保を容易にすることであるので適用範囲を広げることなく、従前どおり「社外」者に限定すべきであると考える。第6に、「試案」の監査・監督委員会設置会社および従前の監査役会設置会社における社外取締役の人数は、取締役の過半数とすべきである。第7に、重要なのは独立性を有する社外取締役の存在である。そして経営監督という観点からすれば、「社外」というだけでは十分ではなく、経営者に対する独立性を保持した社外取締役が求められる。経営者の行為を、独立した立場から監督できる取締役が必要なのである。そのためには外観的（形式的）独立性のみならず実質的独立性が重要である。社外取締役はACGAが公表している「独立取締役の定義」で提示されている要件を満たすべきである。

第４章では、会社法の成立とその改正について論述した。2014年の会社法改正では社外取締役要件が厳格化された。つまり社外取締役要件を厳格化する方向での変更とはいえ、過去要件については緩和する方向での変更になっている。その点において経営者の監督という観点からは不満が残る。

社外監査役要件も厳格化されたとはいえ旧法下での過去要件は過去無制限にさかのぼって判断するものであったが、改正により10年が経過していれば社外監査役となることができるようになった。しかし人間の義理人情は10年で消えることはないことを考えれば、経営者を監督するという観点からは旧会社法のように過去無制限にさかのぼるべきであった。

東京証券取引所は、上場企業のコーポレート・ガバナンスの向上に向けた環境整備の一環として、「上場会社は一般株主保護のため、取締役である独立役員を少なくとも１名以上確保するよう努めなければならない。」とすることを「企業行動規範」として規定し、そして2015年のさらなる改正により、上場会社は独立社外取締役を２名以上選任すべきとする「コーポレートガバナンス・コード」が定められ同年６月から施行されていることは、経営者監督の観点から評価したい。

従来の２つの機関設計において社外取締役が十分に活用されていなかったため、2014年の改正により社外取締役の機能を活用しやすくし、業務執行者に対する監督機能を強化させる第３の機関設計として「監査等委員会設置会社」が新設された。したがって上場企業は、会社法が規定する機関設計のうち主要な３種類（監査役会設置会社、指名委員会等設置会社、監査等委員会設置会社）のいずれかを選択することとされた。

歴史を振り返ってみると、2011年に顕在化した大王製紙の会計不正事件において、同社は監査役会設置会社で社外監査役には弁護士２人と元警察官僚がいたにもかかわらず経営者不正を発見できなかった。2014年に会計不正が発覚した東芝は委員会設置会社であったが、監査委員会は数千億円の不正を見逃した。そして2018年に発覚した日産自動車事件で、同社は監査役会設置会社であり４名の監査役の内３名が銀行出身の独立性の高い社外監査役であったが役に立たなかった。2014年の会社法改正により監査等委員会設置会社が選択肢の1つとして増えたが、経営者不正の予防や摘発に有効かどうかは未知数である。

第5章では、内部統制と内部監査について論述した。内部統制システムは、従来から、経営者への奉仕を目的として経営者によって立案され、設定され、管理される機構であると考えられてきた。その結果、経営者が意図的に行う不正経理は本来、内部統制システムの機能の領域外であった。したがって内部統制システムは、利害関係者にとって重大な問題である企業的意図による不正に対しては有効ではなく、その防止や摘発を期待することはできない。

内部監査と外部監査の統合化に関する肯定説、否定説を検討したが、内部監査部門は監査委員会監査および公認会計士監査の業務において、不可欠な情報を提供できる部門であるため重要視すべきである。したがって、現在は企業の任意である内部監査部門の設置を、 制度的に強制する方向で検討していくべきである。

1999年6月にIIA理事会で採択された「専門職的実施の国際基準」における定義では、「内部監査は、独立にして、客観的な保証及びコンサルティング活動」であると規定された。この定義は、内部監査活動の性質の変化、そして組織体のリスク管理、ガバナンスおよびコントロール構造に統合された部分としての内部監査活動の役割を明確に認識している。加えて、監査発見事項に関する報告書は偏向がなく、かつ経営者による圧力を受けてはならないことが重要である。上記定義が言う組織体の運営に関し、価値を付加し、また改善するために行われる「独立にして、客観的な保証及びコンサルティング活動」は、最高経営責任者に対するコンサルティング活動に止まらず、その上位たる取締役会(監査委員会)に対するコンサルティング活動であると捉えるべきである。

内部監査、外部監査、監査委員会監査の三様監査は、それぞれが明確な役割を果たしながら補完的かつ相互支援的であることが要請される。監査機能の全体的な有効性向上のためには、将来的にはそれぞれの独立性を強化しながら三様監査の統合化が必要であると考える。

第６章では、わが国の食品業界を例として、内部監査とコーポレート・ガバナンスについて論述し次の点を明らかにした。経営者主導の不正が頻発していることを考えるに、内部監査部門は、社長やCEOの直属であってはならず、独立取締役または独立監査役に直属させるべきである。また、わが国において有効な内部監査を実施できる人員体制ができあがっているとは言い難い状況であるため、内部監査部門の大幅な員数増強が望まれる。そして内部監査結果を最優先に報告すべきは社長ではなく、取締役会を構成する独立した取締役に対してであると考えるべきである。さらに、わが国の有効なコーポレート・ガバナンス実現のためには、取締役会議長（会長）と代表執行役（員）の分離を推進すべきである。最後に、内部通報制度の整備・充実こそが、内部監査および監査役監査（監査委員会監査）の固有の限界を補ってくれる可能性があることを論述した。

第７章は、日本内部監査協会が実施している内部監査の総合実態調査と『監査白書2014』について、コーポレート・ガバナンスの観点から分析した。

『監査白書2014』を検討した結果、次のことを指摘したい。まず、経営者主導の不正が頻発していることを考えると、内部監査結果を最優先に報告すべきは社長（会長）ではなく、独立した監査役および独立した取締役に対してであると考えるべきである。内部監査は社長（会長）など最高経営者に対する監視もなすべきであると筆者は考えるので、監査対象に含まれるべき社長（会長）に最優先で内部監査報告をするのは好ましくないからである。

第８章では、「財務報告に係る内部統制の評価及び監査の基準」について検討した。COSO報告書の問題点は、取締役会（監査委員会）は、最高経営責任者の上部構造として認識されてしかるべきにもかかわらず「統制環境」の要素の１つに含められており、しかも「統制環境」を含む内部統制全体の最終的な責任と内部統制の「所有権」を最高経営責任者に持たせている矛盾点を指摘した。

有効なコーポレート・ガバナンスを実現するためには、取締役会は最高経営責任者の業務を監督し監視する役割を有するため、最高経営責任者に対する上部構造として明確に位置付けられるべきであるし、原則として取締役と執行役の兼務の禁止を検討すべきであることを論じた。

仮に最高経営責任者に内部統制に対する最終責任を負わせ内部統制に対する「所有権」を持たせると言うならば、取締役会（監査委員会）は統制環境の中に入ってはならず、最高経営責任者が所有権を有し最終責任を負って整備・運用している内部統制が有効に機能しているかどうかを取締役会（監査委員会）は最高経営責任者より上層の独立した立場から監視すべきである。

一方、取締役会（監査委員会）を統制環境に含めると言うならば、内部統制の所有権と最終責任は、最高経営責任者より上層部の取締役会（監査委員会）が有するべきである。COSO 報告書が言うように「内部統制の有効性を決定する最終要因が、最高経営責任者の誠実性と倫理的価値観である」とすれば、内部統制が有効に機能するためには、最高経営責任者の誠実性や倫理的価値観を確保するために、統制環境の中に置かれた取締役会（監査委員会）が、内部統制の有効性について最終責任を持つべきであると主張したい。

第 9 章では、監査役会と内部監査部門の連携についてコーポレート・ガバナンスの観点から検討し、日本監査役協会の「第 17 回アンケート」を基にして監査役会監査と内部監査の連携について意見を述べた。

「監査役会監査、内部監査、公認会計士監査といった三様監査において、経営者の最も近くにいるのは内部監査部門でも公認会計士でもなく監査役であろう。その意味において三様監査で中心的な地位を担うべきは監査役であると考える。

東京証券取引所の CG コードでは、会計監査人による監査の実効性を高めるため、監査役会・取締役会に、十分な監査時間の確保、あるいは内部監査部門・社外取締役との十分な連係の確保を求めている。

監査役等と内部監査部門との連携については、必ずしも法的に担保されたものではなく、また、監査制度内に組み込まれたものではない。もちろん現在でも「監査役監査基準」には、監査役と内部監査部門との連携の規定はあるものの、あくまで監査役の自己規律の域を出ず、三様監査における監査役等と内部監査部門の連携の相対的な脆弱さは否めない。監査役会がその責務を実効的に果たし、企業価値の向上に資するという視点では、監査役等と内部監査部門の連携はますます重要になってきている。

「監査役等の構成」では、社外監査役には「財務及び会計に関する相当程度の知見を有する監査役」として公認会計士を、そして法律の専門家として弁護士を必須要件とすべきであると筆者は考える。さらに社外監査役に対する課題としては、5社以上を兼務している者が212人もいるという現実を問題視すべきであり、一定の兼職数制限を設けるべきであろう。

第10章では、統合報告におけるナラティブ・レポーティングについて検討した。ナラティブ・レポーティングの重要性が認識されるようになってきたことを、「ジェンキンズ委員会報告書」やIIRC「フレームワーク」を検討しながら論述した。

続いて、わが国における統合報告の先駆的企業である「タケダ」の「アニュアル・レポート」を分析した。

そして、ナラティブ・レポーティングに対する第三者による保証の必要性についての検討では、投資意思決定に有用な非財務情報に対して、一定の保証を付与することによって、情報格差の是正ひいては情報の非対称性の問題を部分的に緩和することができることなどを論じた。

ナラティブ・レポーティングに対する保証の可能性についての検討では、財務諸表監査における高い水準の保証とは異なる水準での保証が前提になるとし、監査類似業務（レビュー、保証業務等）においては、業務範囲の明確化と関与責任の客観的指針が必要になることなどを論じた。さらにナラティブ・レポーティングに対する保証水準についての検討では、保証内容はそれぞれの報告書や情報の種類によって異ならざるを得ないであろうことを論じた。ナラティブな情報に関して、監査人はいかなる保証ができるのか、いかなる責任を引き受けることができるのかを検討しながら保証規準の作成をすすめていかなければならないが、その作業は、監査人に過重な責任を押し付ける結果にならないよう、慎重に行われなければならないことも論じた。

第11章では、統合報告書に対する第三者保証について検討した。今日の統合報告に関して監査人はいかなる保証ができるのか、いかなる責任を引き受けられるのかという問題を考えた時、統合報告書作成会社と保証書作成会社と保証書読者の間には「期待ギャップ」が発生する可能性が大きいことを論じた。非財務情報の中でも、監査人にとっての専門内情報に近いもの、すなわち財務派生情報に対する保証には信頼性を付与することができるとしても、専門外情報、すなわち例えば環境関連情報に対する監査人の保証は、財務諸表監査とは保証水準に差が出てくることは当然ながら、そもそも専門外情報に関して監査人が保証をすることが必要なのか。それは当該専門分野の専門家が保証する場合と比べてどのような利点があるのか。外部の専門家に監査人の専門外情報についての保証業務を担当させ、監査人はそれを包括した統合報告書全体に責任を負うことにするという方法も考えられるが、その方法ならば問題点はないのかということも検討する必要がある。細則主義アプローチではなく原則主義アプローチが前提となっている統合報告書の保証について、非財務情報に関して監査人はどのような保証ができるのか、どのような責任を引き受けることができるのかを慎重に考えていかなければならないことを論じた。

本書における結論としては、経営者を監督する仕組みは、経営者から独立した監査役会等を形成できるかどうかにかかっていることを強調した。それを実現するためには、現在の社外監査役規定や社外取締役規定では十分でないことは、頻発する上場企業レベルの会計不正事件が教えてくれている。経営者から独立した監査役会等が実現すれば、社会的監査のために監査役会等が中核となって、内部監査部門および外部監査たる公認会計士（監査法人）監査との連携を強化し三様監査の統合化を図ることができ、経営者不正の予防・摘発に大きな力を発揮できるようになると筆者は考えているのである。

初出一覧

第 1 章「グローバル化とコーポレート・ガバナンス―執行と監督の分離を中心として―」
『環境激変と経営・会計・情報』税務経理協会、2009 年。

第 2 章「監査役の職務権限と独立性」
『経営情報科学』第 13 巻第 1 号、愛知工業大学経営情報科学学会、2018 年。

第 3 章「監査・監督委員会設置会社制度とコーポレート・ガバナンス」
『経営情報科学』第 7 巻第 2 号、愛知工業大学経営情報科学学会、2012 年。

第 4 章「会社法の成立と改正によるわが国のコーポレート・ガバナンス」
『経営情報科学』第 13 巻第 2 号、愛知工業大学経営情報科学学会、2019 年。

第 5 章「内部統制と内部監査」
『経営情報科学』第 3 巻第 2 号、愛知工業大学経営情報科学学会、2008 年。

第 6 章「内部監査とコーポレート・ガバナンス」
『世界同時不況と経営・会計の課題』愛知工業大学大学院高度化推進経費研究成果論文集、愛知工業大学大学院経営情報科学研究科、2010 年。

第 7 章「コーポレート・ガバナンスの観点からみた『監査白書 2014』」
『愛知工業大学研究報告』第 53 号、愛知工業大学、2017 年。

第 8 章「財務報告に係る内部統制の評価と監査」
『愛知工業大学研究報告』第 43 号 B、愛知工業大学、2008 年。

第 9 章「コーポレート・ガバナンスの観点からみた監査役会と内部監査部門の連携」
『愛知工業大学研究報告』第 54 号、愛知工業大学、2018 年。

第 10 章「統合報告におけるナラティブ・レポーティング」
『経営情報科学』第 9 巻第 2 号、愛知工業大学経営情報科学学会、2014 年。

第 11 章「統合報告書に対する第三者保証」
『経営情報科学』第 11 巻、愛知工業大学経営情報科学学会、2016 年。

主要索引

A～Z

ア　行

カ　行

サ　行

タ　行

ナ　行

ハ　行

マ 行

ラ 行

【著者紹介】

小森清久（こもり・きよひさ）

1953年　富山県八尾町に生まれる。
1976年　早稲田大学商学部卒業
1996年　富山大学大学院経済学研究科（企業経営専攻）修士課程修了
　　　　富山大学修士（経営学）
2005年　金沢大学大学院社会環境科学研究科（国際社会環境学専攻）
　　　　博士後期課程修了　金沢大学博士（学術）
現在　　愛知工業大学経営学部教授

［主要業績］
『アメリカ内部統制論』（白桃書房、2008年）
『環境激変と経営・会計・情報』（共著、税務経理協会、2009年）
『経営分析』（一粒書房、2015年）

コーポレート・ガバナンスと監査

2019年 3 月 28 日　初版第 1 刷発行

著　者　小森清久
発行者　千倉成示
発行所　株式会社 千倉書房
〒 104-0031　東京都中央区京橋 2-4-12
TEL 03-3273-3931 ／ FAX 03-3273-7668
https://www.chikura.co.jp/

印刷・製本　藤原印刷株式会社

ISBN 978-4-8051-1168-0　C3034